Le principe du petit pingouin

Une compagnie de Quebecor Media 7, chemin Bates
Montréal (Québec) Canada
H2V 4V7

Denis Doucet
Psychologue

Le principe du petit pingouin

Apprenez à lâcher prise

MARABOUT

Au fond d'une rivière, une classe de petits poissons écoutait l'instituteur expliquer le danger que présentent les hameçons. Et tous dessinaient des hameçons afin d'être capables de les reconnaître. Or, l'un d'eux que cette leçon ennuyait se glissa hors de la classe pour aller se promener. Soudain, il aperçut un petit ver qui s'agitait dans l'eau, et comme il commençait à avoir faim, il se précipita pour l'attraper. Il sentit alors quelque chose pénétrer violemment dans son gosier. En se débattant, il réussit à s'échapper, mais dans quel état ! Il revint à l'école, tout penaud, s'approcha de l'instituteur et promit qu'à l'avenir il serait plus attentif.

« Oh, direz-vous, c'est une histoire pour les enfants ! » Oui, mais combien d'adultes ne sont pas plus raisonnables que ce poisson !

Omraam Mikhaël Aïvanhov (Bulgarie)

Introduction

Il n'y a jamais eu autant d'antidépresseurs et de tranquillisants prescrits par les médecins dans toute l'histoire de l'humanité que ces dernières années. De plus en plus de gens sont blasés, ne font que fonctionner, présentent une énergie minimale.

Souffrent-ils donc tous d'un trouble d'adaptation, comme on nous le laisse croire ? Sont-ils plus faibles que les autres ?

Pourquoi tant d'angoisse – ce mal du XXIe siècle qui hante de plus en plus de personnes ? Avons-nous quelque chose de déréglé dans notre esprit ? Sommes-nous devenus des dysfonctionnels chroniques à vie ? Devons-nous prendre cela comme une fatalité statistique avec laquelle il faudra apprendre à vivre ?

Peut-être pas…

Peut-être que ce sont plutôt nos environnements qui sont en cause. Peut-être que ce qu'on nous impose n'a pas de sens, ne respecte pas ce pour quoi nous avons été créés. Peut-être sommes-nous captifs d'une logique qui n'en a pas, justement. Peut-être que de trop s'adapter, c'est ça qui nous rend malades…

Si je vous demandais de passer le reste de votre vie dans une pièce où le taux d'oxygène est inférieur à ce dont vous avez besoin, accepteriez-vous de le faire ? Si je vous demandais de vivre dans un univers dénué de sens, où le haut et le bas seraient inversés, où la noirceur représenterait la lumière et la clarté, la nuit, accepteriez-vous d'y passer toute votre vie ? Si je vous enfermais dans une grande cage métallique où des chocs électriques vous seraient administrés arbitrairement, accepteriez-vous de vous laisser faire ? Alors, pourquoi tant de gens acceptent-ils passivement de subir l'équivalent de tout cela dans nos sociétés d'aujourd'hui ?

Suivez-moi dans l'histoire de Little Boy, vous allez commencer à comprendre !

Une histoire de manipulation

Little Boy, le petit pingouin

Alors que le soleil se couchait à l'horizon, un petit pingouin nommé Little Boy admirait silencieusement ce majestueux spectacle, en accord avec ce que ses ancêtres avaient fait des milliers et des milliers de fois avant lui dans le passé.

Il n'avait qu'une année de vie sur cette terre, mais il y avait déjà pris goût. Chaque journée et chaque heure étaient fête et éloge de la vie. Pêcher, courir, glisser... c'était ce qu'il savait faire de mieux sur sa banquise, au pôle Nord.

Ses copains et lui avaient d'ailleurs donné un nom à cette banquise. C'était leur banquise, disaient-ils. Ils l'appelaient affectueusement la montagne russe, puisqu'ils s'en servaient essentiellement pour la glissade et la course.

Du haut de cette immense couche de glace, Little Boy avait réussi avec fierté des centaines de sauts en mer ; il y avait impressionné plus d'une femelle et pratiqué l'art du surf des neiges quand les vents d'automne s'y prêtaient.

Little Boy était un petit pingouin heureux, sans autre ambition que de jouer son rôle au sein de sa communauté, de s'amuser, de procréer, bref, de vivre sa vie de pingouin, comme tant d'autres l'avaient fait avant lui… et comme bien d'autres le feraient après.

Jusqu'au jour où Big Mouth arriva. Ce jour-là, sa vie prit une autre direction dont il n'aurait jamais pu se douter.

— Tu vas où, comme ça, mon petit ? dit un gigantesque phoque à capuchon qui venait de monter sans permission sur la montagne russe.

— Je… Je ne fais rien de spécial, répondit en reculant Little Boy, qui savait que les grands phoques comme ce Big Mouth ont la fâcheuse habitude de manger les pingouins de petite taille.

— N'aie pas peur. Je ne te veux aucun mal. J'ai déjà avalé mon dîner… En fait, je suis venu en ami.

— Ah oui ?

— Bien sûr, et je vais te le prouver à l'instant.

Big Mouth sortit de derrière son dos, Dieu sait comment, un écran à plasma de près de deux mètres de largeur, avec une chaîne stéréo. Il déposa le tout sur la glace et appuya sur le bouton d'une télécommande qu'il tenait dans l'une de ses nageoires.

— Regarde toutes ces merveilles ! C'est tentant, non ? Tu aimerais savoir comment te les procurer ?

— C'est quoi au juste, tout ça ? Je ne connais rien à toutes ces choses, répondit instinctivement Little Boy, toujours pas rassuré.

— Bon. À ce que je vois, il va falloir tout t'expliquer... Ce sont des produits qu'on peut acheter avec de l'argent. *Money, money...* tu connais ?

— Euh... non. Je devrais ?

— Bien sûr ! C'est ça, la vraie vie. Pas un morceau de glace où on se les gèle douze mois par année ! Penses-y un peu ! Si tu gagnes de l'argent, le monde t'appartient. Tu peux t'acheter tout ce que tu veux. Tu saisis ? T'es pas idiot, quand même. Je ne suis pas venu jusqu'ici pour converser avec un attardé !

— Qui a dit que j'étais idiot ? riposta le petit pingouin, insulté par ce que venait de lui lancer Big Mouth.

— Mais non ! Je n'ai pas voulu t'insulter, mon ami ! Je suis venu ici t'offrir un job.

— C'est quoi un job, alors ? questionna Little Boy, qui devenait tout à coup moins sur ses gardes, sentant que la conversation prenait apparemment un ton plus amical.

— Un job, c'est ce dont tu rêvais sans le savoir. C'est quand tu fais un boulot pour quelqu'un avec un salaire en retour. Et tu fais de l'argent ! T'as saisi ?

— Bien sûr ! mentit Little Boy, qui ne voulait pas passer pour un idiot une seconde fois.

— Bien ! Là, tu parles ! Alors, tu commences quand ?

— Euh… commencer…

— Bien oui ! Je t'embauche. Tu as obtenu l'emploi. Tu veux savoir en quoi ça consiste ?

— Oui, j'imagine.

— Très bien. Chaque jour, tu m'attrapes cent petits poissons. Tu vois là-bas, ce grand bateau ?

— Oui.

— Eh bien, ces gars-là, ils paient bien. Je te donne un salaire fixe pour ton lot quotidien. Évidemment, tu auras un jour de congé par semaine.

— Oui, mais…

— Et si tu te forces un peu pour m'en rapporter plus, tu gagneras plus. N'est-ce pas un contrat lucratif et avantageux, mon ami ?

— Et ça me donnera quoi, ce salaire ?

— Ah, ces jeunes d'aujourd'hui ! L'argent n'est pas encore gagné qu'ils veulent déjà savoir comment le dépenser. Sois un peu plus patient. Quand tu auras empoché quelques chèques, je t'expliquerai. Marché conclu, alors ! On va brasser des affaires d'or, toi et moi.

Et c'est ainsi que Little Boy se mit au travail. Il utilisa le filet de pêche que Big Mouth lui avait apporté – en fait, qu'il lui louait, pour être plus exact – et parvint à honorer son contrat sans problème.

— Je vois, petit, que tu possèdes les qualités d'un gars qui a de l'avenir.

Little Boy se réjouit du compliment et avança, sans même réfléchir :

— La semaine prochaine, j'en attraperai encore plus… et des plus gros.

— Excellent ! Ces pêcheurs-là – de chics types, tu peux me croire ! – vont sûrement t'offrir encore plus si tu fais ça. J'en suis certain.

Little Boy tint parole et livra plus de poissons, toujours plus. Plus les semaines avançaient, plus il se consacrait frénétiquement à son travail, au point où on le voyait de moins en moins parler et s'amuser avec ses amis. Tout ce qui semblait l'intéresser désormais, c'était de faire plus et encore plus… de travail.

— Toi, t'as le sens des affaires. Ça se voit tout de suite, au premier coup d'œil. Crois-moi, j'ai le flair pour ce genre de chose. Je suis en affaires depuis bien avant que tu viennes au monde, et des travailleurs acharnés comme toi, on n'en voit pas tous les jours. Écoute ! J'ai une offre. Je te paie désormais 10 % de plus par lot de cent petits poissons et 15 % de plus pour les gros. Qu'en penses-tu ? C'est une offre que je ne fais qu'à toi. T'es mon meilleur et je tiens à te montrer combien j'apprécie ton ardeur au travail.

— OK ! J'accepte alors.

Les journées de ce pauvre Little Boy se transformèrent en une course effrénée où, chaque heure, il aspirait à faire de plus en plus d'argent. Il se mit à sauter des repas, se levait plus tôt, disait toujours non aux invitations de ses amis pour aller jouer et comptabilisait ses gains tous les soirs avant d'aller au lit.

— Bon. Maintenant que tu as si bien travaillé, tu mérites bien de te payer des plaisirs !

— Comment, dites-moi ? supplia Little Boy.

— Eh bien, c'est simple. En passant des commandes par Internet. Pour ça, il te faudra un ordinateur. Justement, j'en ai un avec moi. Ça te coûtera une semaine de salaire pour que je te le laisse. Je te montrerai comment t'en servir, c'est pas compliqué.

Little Boy accepta et commanda par Internet plein de jolis trucs que Big Mouth lui rapportait lors de ses visites quotidiennes. Sa banquise fut vite remplie d'une multitude de choses colorées et fascinantes pour lesquelles il éprouvait une grande fierté. Seulement, il en acheta tant et si bien qu'il ne restait plus de place pour recevoir ses amis. De toute façon, ceux-ci lorgnaient un peu trop à son goût ses joujoux, qu'il caressait tous les soirs, après ses éreintantes journées de dur labeur.

Il s'ensuivit que plus personne n'eut le droit de monter sur la montagne russe, et Little Boy se retrouva de plus en plus seul. Toutefois, comme son travail l'accaparait presque tout le temps, il n'en souffrit pas trop au début, se tenant occupé à utiliser et à chouchouter tous ces splendides produits accumulés avec les mois.

Arrivé au jour de son deuxième anniversaire, son employeur lui fit une nouvelle offre.

— Écoute, petit ! Tu m'impressionnes. J'ai une offre exceptionnelle pour toi. Je démarre une autre affaire dans le même domaine au Mexique. J'ai besoin d'un type comme toi pour m'aider à faire rouler ça là-bas.

Je t'offre le double de ton salaire, logé, nourri. Alors, qu'est-ce que tu dis de ça ?

— Euh…

— N'hésite pas, mon gars. C'est pas le genre d'offre qui se présente deux fois dans une vie. Crois-en mon expérience. C'est maintenant que tu dois saisir ta chance. Tu es voué à de grandes choses. C'est pas comme ces pauvres petits bâtards. De faux amis qui t'ont laissé tomber. Toi, tu sais où tu t'en vas dans la vie. Tandis qu'eux…

— J'ai travaillé dur, c'est vrai. Je vaux donc bien plus qu'eux… je l'ai prouvé.

— Là, tu parles. Ça, c'est le signe de quelqu'un qui va aller loin dans la vie. Alors, prépare tes affaires. On part demain. Tu monteras sur mon dos, j'ai l'habitude.

C'est ainsi que Little Boy poursuivit sa carrière près de l'équateur. La première chose qu'il remarqua fut la chaleur intense qui sévissait dans ces régions. Il devait faire trois fois plus d'efforts pour obtenir le même résultat que sur sa banquise. La nuit, il dormait mal, et lors de son unique journée de congé, les week-ends, il était tellement fatigué qu'il restait au lit toute la journée avec un ventilateur, sous lequel il arrivait à peine à respirer.

Plus les journées avançaient, plus il maigrissait. Son appétit s'était déréglé et sa vue faiblissait sous ce soleil brûlant qui ne prenait jamais congé.

— Tu m'as appelé, petit ? Fais vite, j'ai du travail qui m'attend.

— Euh… Je suis un peu mal à l'aise de vous dire ça, monsieur Big Mouth, mais je ne crois pas pouvoir tenir ce rythme encore bien longtemps. Je ne suis pas habitué à ce genre de météo et…

— Bah ! Tu t'y feras. En attendant, prends congé demain, c'est jour de Mardi gras. Ça te remettra en forme. Va t'amuser un peu au lieu de toujours dormir comme tu le fais durant tes jours de congé.

Little Boy suivit son conseil, heureux d'avoir un patron si compréhensif. Effectivement, il revint plus en forme le surlendemain et put accomplir son boulot presque normalement. Toutefois, avec le temps, ses symptômes refirent surface. Et de plus en plus intenses, cette fois.

— Ça ne va pas, mon petit ? Tu n'as attrapé que cinquante misérables petits poissons dans ta journée. Secoue-toi un peu, mon gars. Je ne te paie pas pour flâner. Considère-toi comme averti ! lui balança Big Mouth, sèchement.

Little Boy, exténué, et ne comprenant pas qu'on le traite de cette manière après plus d'une année à consacrer sa vie à ce travail, ne trouva rien à dire et alla se réfugier dans sa petite chambre, celle-là justement que lui « fournissait » son patron.

Il continua de travailler, mais la motivation n'y était plus. Il acheta de plus en plus de choses, espérant ainsi se changer les idées, mais rien n'y faisait. Il était malheureux et il le savait bien. Cependant, la simple idée de devoir admettre cet échec, de devoir affronter tous ses pairs pingouins du pôle Nord lui faisait honte.

Il poursuivit ainsi de peine et de misère un bout de temps, jusqu'au jour où Big Mouth lui annonça :

— Bon ! Je t'ai enseigné le métier, je t'ai offert un bon salaire tout ce temps-là, je t'ai fait entièrement confiance, et voilà comment tu me remercies ? Sans moi, tu serais encore en train de faire tes enfantillages avec ces stupides pingouins là-bas, comme un enfant attardé. Je t'ai nourri, logé, et là tu me lâches. Tu as vu ta performance de cette semaine ? Qu'une lamentable récolte de quarante poissons par jour. Et pas des gros, à part ça ! Là, je suis désolé, mais tu es viré. Prends tes affaires et retourne là d'où tu viens. Je vais me trouver quelqu'un d'autre. Quelqu'un qui aura au moins de la reconnaissance pour ma générosité, hurla-t-il sans ménagement.

Complètement démoli, Little Boy ne sut quoi répondre. Il prit quelques affaires, utilisa ses dernières économies pour se procurer le jour même un billet pour son retour et, la nuit suivante, son avion atterrit près de sa banquise natale.

Tout plein de ses anciens copains étaient là, avec leurs petites amies, à dormir paisiblement à la belle étoile. Cette scène lui redonna un peu d'espoir sur le coup. Toutefois, juste au moment où il s'apprêtait à les saluer, il repensa à tout ce qu'il leur avait fait subir une année auparavant et préféra se retirer sur une toute petite plaque de glace qui flottait pas très loin. Là, admirant une aurore boréale qui dansait à l'horizon, il finit par s'endormir tard dans la nuit, à bout de souffle et à bout de nerfs.

Les jours passèrent sans que rien ne parvienne à lui remonter le moral. Il avait retrouvé son pôle Nord, oui, mais plus rien n'était comme avant. Il vivait loin des siens, ne mangeait que le strict nécessaire et perdait petit à petit sa joie de vivre.

Un bon matin, un bruit étrange sous l'eau le réveilla. Il ouvrit progressivement les yeux, pour finir par apercevoir une jolie Little Girl en train de monter prestement sur son petit bloc de glace.

— Vous êtes... ?

— Ah ! Je suis une pingouin, voyons ! Il me semble que ça se voit !

— Oui, bien sûr. Désolé.

— C'est ici que tu habites ? questionna la fille.

— Ouais ! Si on veut.

— Comment ça, si on veut ? C'est oui ou c'est non ?

— Ce n'est qu'un logement temporaire. Normalement, j'habite une superbe banquise là-bas.

— Et pourquoi te contentes-tu de ce petit morceau de glace, alors ? s'intéressa la jeune fille.

Little Boy s'éloigna, le cœur gros, incapable d'en dire plus. Après un moment, s'apercevant que sa dernière question avait fort chagriné son hôte, Little Girl s'approcha doucement et mit sa nageoire sur l'épaule du petit pingouin. Rassuré, et n'en pouvant plus de porter ce lourd secret, il lui avoua tout.

— Ce n'est pas de ta faute, c'est ce maudit Big Mouth qui t'a roulé. Il a fait la même chose à mon frère l'année dernière, et il a essayé le même manège avec moi l'autre jour. Tu ne dois pas t'en faire. Ce qui compte, c'est que tu aies réagi à temps et que tu sois revenu là où tu te sens vraiment bien.

— Et mes amis ? pleurnicha Little Boy.

— Tu dois les affronter et renouer avec eux. Allez ! Un peu de courage. Ce n'est pas la fin du monde de se tromper. Ça arrive à plein de pingouins, tu sais.

Le petit pingouin comprit qu'il était temps qu'il s'occupe de ce qui comptait vraiment pour lui. Il suivit la suggestion de cette jeune fille et reçut un accueil très positif de ses anciens amis. Les glissades, les courses et les sauts en mer reprirent comme avant, et la joie réapparut enfin sur son visage.

Même qu'un après-midi ensoleillé, il osa avouer son amour à sa nouvelle amie, qui l'avait si bien aidé. Puis, dans les mois qui suivirent, l'on vit deux petits bébés pingouins marcher derrière eux à la file indienne. Leurs liens indéfectibles traversèrent le temps et durèrent jusqu'à la fin de leur vie, tous les quatre étant heureux de vivre simplement ce qu'il y a de plus beau sur une banquise… une vie paisible de pingouin, à laquelle leur nature profonde les avait tout simplement destinés.

Le syndrome de la suradaptation

Nous sommes des millions de petits pingouins sur cette terre

Cette histoire, je l'ai entendue tellement souvent dans mon cabinet de consultation que je la connais par cœur. Le plus déplorable, c'est que ces Little Boy qui viennent me voir dans mon bureau sont à peu près tous convaincus qu'ils souffrent d'un problème d'adaptation.

Selon moi, la plupart ne souffrent pas d'un trouble d'adaptation, terme qui sous-entend « ne pas savoir s'adapter », mais plutôt du syndrome de la suradaptation, terme qui implique à mes yeux un effort excessif pour s'adapter aux conditions ou aux attentes de l'environnement.

Se suradapter est devenu une stratégie psychologique de survie très répandue dans nos sociétés modernes. L'idée, c'est de surmultiplier les essais adaptatifs sans relâche, dans le vain espoir de trouver un répit un jour. Seulement, ce jour ne se présente jamais.

Ainsi, c'est en agissant à l'encontre de leur propre nature que ces gens finissent par éprouver un déséquilibre dans leur vie, laquelle devient petit à petit infernale, la plupart du temps de manière insidieuse. Cela peut se manifester par des symptômes, par des malaises, par une perte de sens, par de la démotivation, par une baisse d'énergie, par une panne sexuelle, par de l'anxiété, par des phobies ou par toute autre chose.

Ne vous leurrez pas ! Il ne suffit pas de bien se nourrir et de faire de l'exercice physique combiné à de bonnes nuits de sommeil pour que tout aille bien dans votre vie ! Votre vitalité repose énormément sur *vos satisfactions profondes*. Vous pouvez vous mentir quelque temps et nier cette loi, mais elle vous rattrapera tôt ou tard, comme elle l'a fait d'ailleurs pour des milliers et des milliers de personnes dont la vie ressemble à celle de ce pauvre Little Boy, désemparé sous l'emprise de Big Mouth.

Combien de personnes, connaissez-vous, peuvent se vanter de vraiment éprouver une pleine joie de vivre ? Pas beaucoup de nos jours. Oui, tout le monde fonctionne, c'est-à-dire parvient à faire son boulot, payer ses factures, sortir ses poubelles, afficher un sourire de deux secondes en croisant une connaissance au centre commercial et, pour les plus chanceux, aller passer deux semaines par année vers des destinations soleil. Cependant, ces gens sont-ils véritablement heureux, ou miment-ils plutôt une mascarade dans laquelle tout le monde joue le rôle du gars heureux dans une pièce de théâtre dont les représentations quotidiennes ne cessent de ressembler à celles de la veille ?

Dans mon travail, je suis frappé par le fait que la question qui horripile le plus les personnes en congé de maladie pour raison émotionnelle est le fameux « Comment ça va ? ». Et vous savez pourquoi ? Parce que lorsqu'on se retrouve dans une période de vie fragilisée, on n'arrive pas à se donner ce que j'appelle de la contenance devant les gens, cette sorte de masque que les bien-portants parviennent à maintenir sans trop de difficulté, parfois en pleine connaissance de cause, parfois non.

Inadaptés ou suradaptés ? Voilà une bonne question. Les gens qui n'arrivent plus à être bien dans leur travail, leur couple, leur ville, leur spiritualité, leur culture familiale, leurs habitudes manquent-ils de quelque chose ? Ont-ils perdu leur capacité d'adaptation ? Sont-ils malades ? Doit-on leur accoler un diagnostic, les étiquetant comme incapables de s'adapter, de savoir composer avec leur environnement ?

Pour la plupart d'entre eux, je ne le crois pas.

Ils souffrent d'un autre mal que l'on soupçonne tous, mais dont on n'ose pas parler à voix haute. En fait, ils se suradaptent à leur entourage... passé, présent ou futur. Ils font des efforts surhumains pour ressembler à ce travailleur idéal dont rêve le patron, à cette image de femme idéale dont rêve le mari, à celle du fils idéal dont rêvent les parents, à ce partenaire sexuel idéal dont parlent les articles dans les magazines, à cet étudiant idéal auquel s'attend le professeur, à ce chic type idéal que souhaitent les amis, et j'en passe.

Jacques Languirand, animateur radio à Radio-Canada et auteur d'un livre sur le *burnout*, disait ceci : « Il est de plus en plus clair que les névroses modernes qui accompagnent les troubles psychosomatiques sont le fruit de la suradaptation à une société malade. »

Yugiro Ikemi, médecin japonais, explique, dans son livre *Zen et self-control : des thérapies nouvelles à la méditation*, que « [...] de nombreux étudiants ne prennent pas le temps de s'interroger sur ce qu'ils sont ou veulent accomplir, sur les raisons de leurs études ou du sens de la vie, et s'absorbent dans la préparation au concours d'entrée des grandes universités, soutenus en cela par leurs parents et leurs maîtres souvent animés par des motivations superficielles. C'est sans doute pourquoi les psychologues scolaires font remarquer que la caractéristique première des élèves d'aujourd'hui est l'apathie. [...] Cela les amène à perdre de leur authenticité, attitude caractérisée par un déclin de la sensibilité, de l'intérêt et de la vigueur ».

Fritz Perls, fondateur de la gestalt-thérapie, estime pour sa part que nos contemporains adoptent en permanence un rôle social, au grand dam de la conscience créatrice et des possibilités d'actualisation de soi. Dès que vous jouez un personnage, vous avez adopté un système rigide. Votre comportement est pétrifié, prévisible, vous avez perdu la capacité d'affronter le monde librement et armé de toutes vos ressources. Vous êtes condamné à l'avance à aborder les événements toujours de la même manière. Perls considérait que les pathologies modernes proviennent en grande partie de la rupture en soi entre le corps et le verbal, entre les sentiments vécus et nos comportements. Assez près de ce que Big Mouth peut parvenir à faire de votre vie, selon moi.

Autre point de vue, celui de Jean-Léon Beauvois, professeur de psychologie à l'université de Grenoble : « Nous percevons d'autant moins les normes qui nous gouvernent qu'elles occupent une place importante dans notre vision du monde. Plus c'est important, moins on en est conscient. Nos sociétés démocratiques ne facilitent pas la clairvoyance. Elles donnent l'impression que l'on croit ce que l'on croit parce que c'est vrai, plutôt que parce que c'est ce qu'il faut croire. »

Toujours dans la thématique de la suradaptation, et de façon plus pragmatique, j'ai reçu un jour un employé qui devait effectuer un travail qui était fait par six personnes à peine un an plus tôt. J'ai reçu une jeune fille de seize ans qui, ne ressemblant pas à celle dont les parents divorcés avaient rêvé, pleurait à chaudes larmes de peine et de colère dans mon bureau, n'attendant que ses dix-huit ans pour quitter la maison. J'ai reçu une femme que son mari avait quittée parce qu'elle refusait certains actes sexuels avec des animaux. J'ai reçu une jeune athlète âgée de treize ans, récemment devenue obsessionnelle et anorexique à la suite des attentes démesurées qu'elle sentait de la part de ses parents et de son entraîneur. J'ai reçu une travailleuse ayant subi quatre années de harcèlement à son travail et qu'on a obligée à retourner travailler en équipe… avec son harceleur. J'ai reçu des travailleurs que l'on menaçait de sanctions s'ils refusaient de rentrer travailler après douze ou seize heures de travail, avec seulement quatre heures de repos entre deux quarts de travail. J'ai reçu une vieille dame qui se faisait maltraiter par ses propres enfants, lesquels lui volaient son argent et la privaient de façon scandaleuse. J'ai reçu des femmes et des hommes dans la quarantaine qui se faisaient manipuler et subissaient des demandes excessives et culpabilisantes de la part de leurs propres parents âgés. J'ai reçu des chefs de service à qui certains membres de leur équipe de travail manquaient de respect à répétition, face à quoi la direction générale ne réagissait pas, exigeant qu'ils ferment les yeux chaque fois. J'ai reçu des gens qui se sont fait arnaquer financièrement par de beaux parleurs.

J'arrête ici la liste, mais je pourrais aisément vous en écrire des pages et des pages. Vous aussi, j'en suis certain, avez eu connaissance directement ou avez déjà entendu des récits du même genre.

L'idée à retenir, c'est que la plupart du temps, quand un humain tombe en panne, c'est qu'il fait face à des attentes, explicites ou non, qui dépassent ce qu'il peut normalement affronter pendant une trop longue période de temps, ou avec une intensité telle qu'il ne peut y répondre malgré des efforts extraordinaires. Parfois, ces attentes sont immédiates et identifiables dans son environnement actuel, parfois elles ont été internalisées au cours du passé, parfois elles appartiennent au futur, c'est-à-dire qu'il s'agit de ce que la personne anticipe. Le résultat est le même. Se sentant incapable de tenir le coup plus longtemps, le système nerveux se met à se dérégler. Le premier réflexe est de s'acharner encore plus pour répondre à toutes ces attentes extérieures à soi. Puis, les malaises se multiplient, l'inconfort agace, l'individu craque.

Le plus grave, c'est qu'il se sent coupable. Coupable de ne pas pouvoir y arriver ou de ne pas pouvoir passer par-dessus tel ou tel événement en faisant comme si de rien n'était. Souvent, l'entourage aggrave la situation en lui faisant sentir que « ce n'est pas si terrible que ça » ou qu'« il est temps qu'il passe à autre chose »... Belle affaire ! C'est comme si quelqu'un avait un clou planté dans le pied et que, comme seule réponse, on lui disait : « T'as pas pensé à changer de chaussures pour moins sentir le clou ? »

Et il y a complicité collective, en commençant par le milieu médical, qui va vous flanquer un diagnostic de maladie mentale sur le dos dès les premiers signes de plaintes psychologiques. Donc, il va vous adresser implicitement le message suivant : « C'est vous, le problème. Vous n'avez pas ce qu'il faut pour vous adapter apparemment. Vous souffrez sans doute d'une faiblesse congénitale du système nerveux. » Sans plus d'explications.

Vous voilà bien avancé. Tout le monde autour pense que vous avez craqué parce qu'il y a quelque chose que vous avez fait de travers, quelque chose qui ne tourne pas rond en vous, quelque chose qui a flanché dans votre mécanique interne.

Il faut bien se le dire, notre société moderne entretient une vision très mécaniste des humains, d'où notre propension à vouloir recourir à des pièces de rechange – on appelle ça des médicaments, en fait – qui sont supposées suppléer à vos pièces défectueuses. Ne vous méprenez pas, je ne suis pas contre les médicaments. Je m'inquiète cependant de leur prolifération extraordinaire, dont le principal effet est de permettre aux patients de continuer à tolérer l'intolérable, en servant en premier lieu les intérêts d'une industrie pharmaceutique qui vend du rêve en capsules.

Et hop ! Quelques semaines, tout au plus quelques mois plus tard, on vous retournera exactement dans le même milieu, la même situation qu'avant votre effondrement… Au suivant !

Je vous cite ici le résultat d'un sondage sur le bonheur qui a été dévoilé à la télé récemment. On demandait aux gens ce qui faisait le plus obstacle à leur bonheur. Le premier élément rapporté par les répondants : les problèmes de santé ; le deuxième : le manque de temps ; et le troisième : le manque d'argent.

C'est intéressant, car cela reflète à mes yeux cette intuition que la suradaptation devient endémique, d'où les inquiétudes sur la santé qui se multiplient. Qu'on ait répondu le manque de temps ne peut nous étonner, étant donné le rythme effréné avec lequel les gens mènent leur vie pour tenter en vain de s'adapter à tout. D'ailleurs, les deux tiers de ce après quoi ils courent ne leur sert souvent à rien. Finalement, les plaintes formulées à propos du manque d'argent sont attribuables, dans le cas de la classe moyenne du moins, à des dépenses excessives engagées pour la plupart d'entre eux dans le seul but de ressembler à leurs voisins, d'imiter les très riches ou de se procurer des compensations dérisoires, signe que leur vie ne tient plus qu'à un fil… sur le plan humain, je veux dire.

Tout cela me donne la nausée, mais ne nous décourageons pas. Il y a moyen de faire mieux. Cependant, vous devez comprendre quelques notions générales qui vous aideront à mieux saisir et, surtout, à mieux voir venir les dangers qui vous guettent à trop vous suradapter.

Dommage que Little Boy n'ait pas lu ce livre avant sa rencontre avec Big Mouth. Il se serait épargné bien des souffrances !

Qu'est-ce que s'adapter ?

Je vous rassure tout de suite. Cette section ne constitue pas un cours universitaire sur le concept d'adaptation dans l'histoire de l'humanité. Simplement un petit rappel sommaire, fort utile par ailleurs.

Soyons simples et concrets : s'adapter, c'est tenir compte de paramètres présents dans votre environnement afin de maximiser la réponse à vos besoins.

Vous vous adaptez à votre conjoint parce que vous l'aimez, et vous allez tenir compte de ce qu'est cette personne, même si parfois elle ne ressemble pas en tous points à ce que vous auriez souhaité au départ – soyez bon joueur, après tout, vous n'êtes pas parfait vous non plus, pas plus que moi d'ailleurs. Être avec elle ou lui, c'est être bien. Ça répond à quelque chose en vous, à un besoin affectif.

Vous vous adaptez à votre travail parce qu'il vous paie bien, vous avez l'impression de vous y réaliser, vous en éprouvez de la fierté, ou pour toute autre raison qui colle à l'un de vos besoins. C'est pour cela que vous allez tenir compte de ce milieu où vous vous rendez chaque matin, jour après jour.

Vous vous adaptez au tempérament de votre enfant, qui diffère peut-être du vôtre en partie, parce que vous tenez à lui. C'est pourquoi vous allez en tenir compte dans une certaine mesure.

Vous vous adaptez à la météo en portant des vêtements qui vont assurer la juste température de votre corps. Pas trop chaud en été, assez chaud en hiver.

Tout cela implique, plus ou moins implicitement, l'idée d'un juste milieu, ou le sens des proportions si vous préférez. Vous allez vous adapter, mais pas devenir leur esclave, me direz-vous. Tant mieux, c'est exactement ce qu'il faut faire !

Il y a donc ici une notion de réciprocité. Vous avez des besoins et votre vis-à-vis en a aussi. C'est dans un esprit de « satisfait-satisfait » que vous abordez ces moments… du moins si tout se passe bien.

S'adapter demande que vous soyez conscient de vos besoins. Cela va de soi. Mais là, il peut y avoir un hic ! C'est que bien plus de gens que vous ne le pensez n'arrivent pas à bien cerner leurs véritables besoins.

Qu'est-ce qu'un besoin, au juste ? Boire, manger, dormir, se mouvoir. C'est simple, non ? Bon d'accord, j'ai un peu trop simplifié. Si c'était aussi simple, tout le monde s'occuperait adéquatement de ses besoins. Mais je viens juste de dire que ce n'est pas le cas. Alors, quoi ?

Donnons-nous une petite définition de ce qu'est un besoin : un besoin est une chose que vous considérez comme vitale, qui va vous placer en déséquilibre si vous ne l'assouvissez pas.

Si vous roulez longtemps en voiture sous une chaleur accablante, vous avez envie de quelque chose de frais à vous mettre sous la dent. Vous imaginez alors une grosse glace à la vanille enrobée de chocolat et surplombée d'une cerise toute fraîche... La question est : en avez-vous vraiment besoin ?

Reprenons. Vous êtes sous une chaleur accablante, vous avez donc besoin d'abaisser la température de votre corps, c'est indéniable. Vous roulez depuis plusieurs heures, donc vous avez faim, cela aussi tombe sous le coup de l'évidence. Par contre, vous rafraîchir aurait pu vouloir dire entrer dans un endroit où l'air est climatisé. Vous alimenter aurait pu se résumer à manger un sandwich au jambon.

Cependant, votre esprit a opté de façon plus précise pour une glace qui répond à la fois à votre besoin de rafraîchissement et à celui de manger. Cette représentation mentale, qui va vous faire vous arrêter au prochain petit commerce spécialisé qui en vend, s'appelle une préférence. Il s'agit d'une propension personnelle à représenter vos besoins d'une façon bien précise, ou dans une catégorie plus fréquente chez vous. Par exemple, si vous êtes amateur de *fast food*, vous chercherez un restaurant McDonald's. Si vous attachez de l'importance à votre santé, vous opterez probablement pour un commerce qui sert du yogourt glacé faible en gras. On est encore au niveau d'une préférence personnelle.

Et la cerise dans tout ça ? Eh bien ici, on peut parler de caprice, cette partie de votre représentation qui entre dans des détails encore plus pointus, non nécessaires à la réponse à votre besoin, mais qui s'imposent spontanément comme un réflexe conditionné. Ces succulentes glaces qu'on nous montre dans les publicités n'ont-elles pas toutes cette fameuse cerise qui couronne ce qui représente le summum du dessert froid parfait ?

Cette simple petite démonstration illustre une chose très importante : tout ce que vous désirez, vous n'en avez pas nécessairement toujours besoin. Vous confondez fréquemment l'un pour l'autre (désir et besoin), au plus grand plaisir du vendeur ou du patron, mais trop souvent à votre détriment.

La raison, c'est que votre système mental, qui crée ces représentations, est parfois bien arrimé à l'univers de vos besoins, mais il se voit souvent contaminé de l'extérieur. Nous verrons plus loin comment.

Conséquence : vous dépensez souvent une énergie folle à vous démener en vue d'obtenir des choses qui ne collent en rien à vos véritables besoins profonds. Ainsi, vous risquez de leur substituer des objets de convoitise ou des options qui vous sont imposés ou proposés de l'extérieur par d'autres, c'est-à-dire votre culture familiale d'origine, votre époque, votre lieu de naissance, la pression sociale, vos groupes d'appartenance, vos proches, la culture dominante, la télévision, les magazines, certains livres, l'image du bonheur qu'on a martelée dans votre cerveau depuis votre tendre enfance, la publicité, les politiciens, la religion et des dizaines d'autres influences qui, cela va de soi, « veulent toutes votre bien ».

Comme le dit si bien Richard Koch dans son livre *Le principe 80/20* : « Seule une infime proportion de ce que nous faisons contribue à nous procurer ce que nous désirons vraiment. [...] Le reste n'est que gaspillage. »

C'est en passant la plus grande partie de votre temps à courir pour obtenir ces objets de convoitise ou cette image de soi à la mode que vous vous mettez à négliger vos véritables besoins, amplifiant votre déséquilibre. Cela vous fait paniquer, en réponse à quoi vous augmentez votre consommation de biens et services en vue d'apaiser votre inconfort existentiel. Et la roue de l'*homo economicus* tourne et tourne et tourne, au point de vous étourdir pour de bon, jusqu'à la perte de sens de votre vie, les malaises qui n'en finissent plus et... l'angoisse.

Si vous vous rappelez une fois pour toutes que cette angoisse est la traduction en symptômes de l'inadéquation de votre vie avec vos besoins profonds, vous avez une chance de vous en sortir.

En effet, l'anxiété surgit le plus souvent lorsque vous repoussez quelque chose de vous-même, généralement de l'ordre d'une émotion. Soit qu'elle n'est pas compatible à vos yeux avec votre concept de vie du moment (ou celui qu'on vous dit de croire), soit que vous craignez qu'elle ne soit trop inconfortable à éprouver.

Par exemple, vous allez aussitôt vous gaver de croustilles et de soda à la moindre émotion qui provoque des papillons dans votre estomac. L'inconfort disparaît, mais la possibilité d'établir le besoin vital ou ce qui se cachait derrière ces papillons dans votre estomac vous glissera des mains du même coup. Il y a fort à parier que le malaise reviendra et que vous deviendrez un jour un expert dans l'art de vous fuir éternellement. Tout cela parce que vous avez malencontreusement avalé tout rond ce précepte de Big Mouth : « Aucun inconfort tu ne toléreras dans ta vie, fuir par les distractions sera ton code de vie ! »

Ainsi, vous allez perdre de vue que la douleur occupe une place de choix dans la condition humaine : elle nous informe des besoins qu'on a trop longtemps négligés ou qui sont tout à coup devenus criants parce qu'ils sont soudainement menacés de façon massive.

Avoir mal si vous passez la main sur une flamme est très pratique pour protéger votre intégrité physique. Avoir mal quand un amoureux vous malmène dans une relation est très pratique pour vous inciter à vous en éloigner, car il n'est pas celui qui va combler votre besoin d'être aimé. Vous comprenez l'idée ?

Vous me voyez venir, sans doute. Consommer demande de l'argent *(« Money, money... »*, dit Big Mouth) et celui-ci provient de votre ardeur au travail que vous effectuez pour quelqu'un, à qui vous donnez une bonne part de votre liberté en échange. Comme ce patron vise lui aussi à maximiser ses profits – dans le cas d'un gouvernement, on dira qu'il vise à contrôler ses dépenses à la baisse –, il vous donnera le minimum, vous demandera de tout faire comme lui le veut et vous fera vivre une cadence excessive. Ce phénomène s'est nettement accentué depuis la fameuse mondialisation des marchés.

Ainsi, tôt ou tard, si vous faites partie des citoyens statistiquement les plus représentatifs, vous allez vous lasser. Toutefois, comme la banque vous a avancé de l'argent au-delà de votre capacité réelle de payer, vous ne pouvez, croyez-vous, vous permettre de changer d'emploi, surtout si vous souffrez de « sécuritose » (terme emprunté à Jacques Lafleur, psychologue québécois) : cette conviction psychologique qui considère comme insensé de quitter un emploi permanent, un fonds de retraite garanti et une assurance dentaire tous frais payés.

Voilà, vous êtes piégé comme notre ami Little Boy. Big Mouth a merveilleusement bien fait son travail de manipulation, vous voilà sous son emprise !

Jean-Pierre Le Goff, sociologue et auteur du livre *La barbarie douce*, l'exprime à sa façon : « Depuis les années

1980, la modernisation est partout à l'ordre du jour. Mais au nom de la nécessaire adaptation aux mutations du monde contemporain, c'est bien souvent une véritable barbarie douce que cette modernisation aveugle installe au cœur des rapports sociaux. [...] Elle déstabilise individus et collectivités, provoque stress et angoisse, tandis que les thérapies en tout genre lui servent d'infirmerie sociale. »

Comprenez-moi bien. Je ne lance pas la pierre aux dirigeants, de quelque provenance qu'ils soient. Ils ne sont que l'instrument d'une logique sociale qui s'autostimule et se perpétue par un effet d'entraînement exponentiel, lequel ne cesse de se confirmer de jour en jour dans mon cabinet. Cependant, il me serait difficile de passer sous silence cette pensée de Warren Bennis qui disait : « Les dirigeants ne naissent pas, ils sont fabriqués. » Fabriqués par qui ? Je vous laisse deviner.

Henri Laborit, biologiste réputé, parlait de systèmes organisationnels humains qui perdent leur origine de vue et leur finalité pour finir par ne chercher qu'à s'autoprotéger, coûte que coûte, par n'importe quel moyen. Comme un cancer parfois, ajouterais-je. D'où la mentalité dominante, dont le monde des affaires est le prototype poussé à son paroxysme, de « tous les coups sont permis ! », pourvu que rien ne change dans l'arène social actuel.

Et, soyez-en conscient, je n'ai donné ici que l'exemple du travail. D'ailleurs, votre amoureux, votre père ou même votre chien peut vous faire le coup. Votre nation peut le faire aussi. Bref, n'importe quelle personne ou institution va vous faire croire que ce qu'elle veut, vous le voulez aussi.

Votre voisin a un nouvel écran plat d'ordinateur LCD à haute définition dernier cri, donc vous devez en vouloir un vous aussi, même si le vôtre, vieux d'une année seulement, fonctionne encore très bien. Votre beau-frère vient de changer de voiture, donc vous devez le faire aussi. Vos collègues se démènent comme des diables pour une promotion, c'est ce que vous devez faire aussi. Votre patron ne vit et ne respire que pour les résultats trimestriels des actions de l'entreprise, vous devez également ne vivre que pour ça. Vous saisissez ?

Vous allez me dire que dans votre cas, ce n'est pas aussi extrême, qu'il ne faudrait pas pousser trop fort ! D'accord, ces exemples sont peut-être un peu caricaturaux. Cependant, combien de fois vous attardez-vous honnêtement à l'exercice de vous demander si ce après quoi vous courez, vous en avez vraiment besoin ? Allez, soyez sincère ! Une fois par année, tout au plus ? Et de plus en plus de gens ne se posent plus ce genre de question, car ils n'ont pas le temps, pensent-ils.

J'AI BESOIN, JE VEUX, JE DOIS, JE CHOISIS

Prenons le temps d'apprendre à distinguer ce vocabulaire assez confus pour la plupart d'entre nous. « J'ai besoin » fait référence à quelque chose que je considère comme vital, ou essentiel, ou central, qu'il n'est pas dans mon intérêt de négliger. Arrêtez de manger pendant deux jours, et vous comprendrez. Imaginez-vous en train de dire à ceux que vous aimez le plus au monde que vous les quittez pour toujours, et vous comprendrez. Imaginez-vous jeter tout votre argent en banque et votre prochaine paie dans un feu de camp, et vous comprendrez. Imaginez que vous cessez de faire l'activité qui vous fait le plus de bien dans votre vie, et vous comprendrez. Saisi ?

Vos besoins peuvent être de tout ordre : physique, affectif, motivationnel, psychologique, spirituel, intellectuel, financier, sexuel, interpersonnel, social, etc.

Notez qu'un besoin se formule en termes généraux, pas en termes spécifiques. Vous avez besoin d'être aimé, mais pas nécessairement par, disons, Monique. Monique est une possibilité d'être aimé parmi d'autres. Apprenez à distinguer le besoin du moyen, et restez fidèle à vos besoins. Personne n'a le droit de vous en déposséder. *Personne !*

« Je veux » fait référence à une représentation, dans mon esprit, de ce que je cible. Je veux avoir des enfants, je veux une augmentation de salaire, je veux la paix, je veux aller au cinéma, je veux aider autrui, etc. Cela a à voir avec une intention volontaire. Déjà, il peut y avoir risque ici. Il se peut que vous vouliez quelque chose qui colle bien à vos besoins, auquel cas en tenir compte vous gardera en équilibre et en santé. Toutefois, il se pourrait que ce soit Big Mouth qui vous ait insufflé habilement l'objet de ce « je veux ». On parlera alors d'une introjection (un corps étranger, un virus, pouvant être contraire à vos besoins).

Par exemple, vous pourriez dire : « Je veux devenir avocat. » Est-ce vraiment le cas ou est-ce parce que vous provenez d'un milieu bourgeois qui ne croit qu'aux professions libérales traditionnelles, et que vous avez littéralement baigné dans ce discours depuis votre tendre enfance ? J'ai déjà reçu à mon cabinet une jeune fille, dans la jeune vingtaine, qui venait de passer deux années extraordinaires en Afrique. Elle était revenue chez son père, qui la destinait à de grandes études universitaires, ce qu'elle s'apprêtait à entreprendre… avant de présenter des symptômes psychologiques galopants.

Après quelques entrevues, il est devenu clair qu'en réalité elle se sentait dix fois plus heureuse en Afrique qu'au Québec. Elle s'apprêtait donc à commettre l'erreur de sa vie en se pliant à un beau discours qu'on lui avait gentiment présenté comme la seule voie sensée à suivre. Cependant, sa voie à elle était tout autre. Heureusement, elle a pris son courage à deux mains et a assumé son besoin de l'Afrique. Et bang !... les symptômes ont disparu « magiquement ».

D'autre part, vous pourriez aussi commettre l'erreur de minimiser, voire de nier, quelque chose dont vous auriez besoin (automanipulation psychologique) afin de ne pas avoir à assumer les étapes requises pour y répondre ou par peur d'un échec (comme renoncer à une personne qui vous attire sérieusement ou au projet de vos rêves). J'observe souvent cela chez des clients.

Dans un autre ordre d'idées, méfiez-vous des « je dois ». Cela finit toujours par un « que devrais-je faire ? », ce que j'entends souvent dans mon bureau. Le problème avec les « je dois », c'est qu'ils supposent qu'une instance extérieure (religion, bon sens commun, parents, patron, auteur d'un best-seller de recettes pour réussir sa vie en douze leçons, etc.) sache mieux que vous ce qui est bon pour vous ou ce qu'il est juste, correct, sensé, raisonnable de faire. Ici, la porte est grande ouverte aux Big Mouth de tout acabit. Prudence, s'il vous plaît !

C'est vous la meilleure personne pour se prononcer sur vos choix ultimes. Si vous n'arrivez pas à voir clair en vous-même, c'est que vous êtes sans doute « déconnecté » de votre vie émotionnelle, de vos intuitions, de vos besoins. Dans ce cas, une aide pour vous aider à vous retrouver s'impose. Celle-ci peut venir d'un bon ami qui agira de façon détachée, ou d'un professionnel, à vous de voir.

Finalement, le « je choisis » est la plus intéressante et la plus malmenée de toutes ces expressions. Il implique d'assumer vos besoins, d'en porter la responsabilité et de vous en occuper. C'est incompatible avec le « c'est de sa faute » qu'on entend si souvent. « Je choisis » invite plutôt à endosser les implications d'une décision. Et Dieu sait que bon nombre d'individus jouent à se défiler assez rapidement de leurs mauvaises décisions. Les excuses fusent de partout pour leur éviter d'avoir à assumer une erreur ou pour leur permettre de la refiler à un autre.

« Je choisis » est synonyme de « je vais dans cette direction en toute connaissance de cause et je vais assumer ce qui va s'ensuivre ». Un point, c'est tout. Court mais exigeant. Pas étonnant que ceux qui se rangent derrière cette voie ne soient pas légion. D'habitude, j'entends plutôt des « je n'ai pas le choix » suivis d'un long soupir, dans mon bureau... et dans mon voisinage.

Choisir implique aussi parfois des renoncements, toute chose ne correspondant pas parfaitement à ce dont vous auriez rêvé. Quitter quelqu'un parce qu'il ne vous respecte pas, même s'il était un amant fantastique... au lit. Quitter cet emploi où vous étiez malheureux comme une pierre, mais qui était drôlement payant. Gronder votre enfant afin qu'il corrige un comportement, même si vous l'aimez tellement que vous auriez préféré ne pas avoir à lui faire subir ce mauvais moment. Déménager pour des raisons professionnelles, alors que vous étiez si attaché à votre quartier.

Ce genre de situation explique qu'un grand nombre de personnes hésitent longuement face à certaines décisions ou les reformulent en minimisant leur responsabilité décisionnelle derrière un « je n'avais pas le choix ».

Arthur William Ward nous rappelle que nous menons une vie de choix à faire : « Nous pouvons jeter des pierres, nous plaindre d'elles, trébucher dessus, les escalader ou les utiliser pour construire. » À vous de choisir !

Mary Kay Ash en rajoute en écrivant : « Si vous croyez que vous pouvez, vous pouvez. Et si vous croyez que vous ne pouvez pas, vous avez raison. » Une autre question de choix, semble-t-il… et non seulement de chance ou de hasard capricieux de la vie.

QUELS SONT LES LIENS À FAIRE AVEC LA NOTION DE SURADAPTATION ?

C'est très simple. Si vous omettez de vous préoccuper de vos besoins (rappelez-vous… vitaux, centraux, essentiels), vous serez alors très vulnérable aux environnements humains qui vont à l'encontre de votre nature. Les Big Mouth auront le beau jeu pour vous amener vers leurs propres objectifs, et vous vous perdrez de vue, comme l'a vécu Little Boy.

Si vous n'êtes pas sûr de ce que vous voulez, ou que vous voulez des choses qui ne correspondent pas à vos besoins profonds, vous risquez ici aussi de vous suradapter à votre environnement. Par exemple, vous pouvez penser que vous voulez absolument Gilles comme partenaire amoureux, alors qu'il ne colle en rien à vos attentes de couple. En étant plus fidèle à lui qu'à vos besoins affectifs, vous allez vous adapter exagérément à ce type au détriment de ce qui compte vraiment pour vous sur le plan amoureux.

Vivre une vie trop remplie de « je dois » vous fait vous comporter en fonction d'un code de conduite externe, établi par d'autres. Il y a un risque assez élevé que cela ne corresponde pas nécessairement à vos besoins réels.

Finalement, ne pas accepter d'assumer vos choix ou les déformer vous rend impuissant à porter la responsabilité existentielle de vos besoins propres. Donc, vous réduisez pas mal vos chances d'y répondre adéquatement et suffisamment. C'est comme si vous les laissiez au hasard ou entre les mains du bon vouloir d'autrui. Vous vous dépossédez de votre destinée, de ce qui va vous advenir en quelque sorte.

LES IMPLICATIONS DE LA RÉCIPROCITÉ

Tout ce beau discours risque de poser un problème aux yeux de certains. Est-ce que vous préoccuper si vivement de vos besoins n'est pas synonyme d'égocentrisme ? Réponse : non.

Les autres aussi sont porteurs de besoins et vont les faire valoir à juste titre. Ils disposent potentiellement de leur libre arbitre décisionnel, et leurs choix ne vont pas automatiquement concorder avec les vôtres. Cela fait mal à entendre pour certains, tandis que cela tombe sous le coup de l'évidence pour d'autres.

Peu de gens acceptent totalement cette loi de la nature, essayant de la contourner en exerçant des pressions, ou carrément en manipulant l'autre, ou encore en baissant les bras, cessant d'être fidèles à leurs précieux besoins.

Le mystère peut pourtant se dissoudre assez vite si vous vous rappelez ceci :

Vous avez besoin de ceux qui comptent à vos yeux, donc vous allez en tenir compte dans la grande équation globale de l'expression de vos besoins.

Si vous avez besoin de tranquillité et que votre adolescent de quatorze ans fait jouer sa musique à tue-tête dans la maison, vous allez trouver une façon ferme de faire valoir ce que vous voulez tout en lui faisant sentir qu'il compte à vos yeux. Par exemple, vous éviterez de dire sur un ton fâché : « Baisse donc ta maudite musique de fou ! », mais vous privilégierez plutôt quelque chose comme : « Je sais que tu aimes bien ça, mais moi, non. Alors, pourrais-tu plutôt utiliser tes écouteurs ? » sur un ton calme mais ferme. Ici, vous ne faites preuve ni d'égoïsme ni d'à-plat-ventrisme. Vous respectez votre besoin *et* celui de l'autre, dans un esprit « satisfait-satisfait » mutuel dans la mesure du possible.

En toute cohérence, vous devez vous attendre à ce qu'il s'autorise la même chose en retour. Cela s'appelle l'apprentissage à deux du respect mutuel.

Comment Little Boy se fait-il avoir ?

Voici une question fort pertinente, car elle s'applique à vous aussi. Eh bien, c'est en se faisant miroiter quelque chose que Big Mouth présente comme si c'était lui, Little Boy, qui le désirait. Ou en se faisant servir une pseudo-logique alambiquée mais séduisante, ou encore en se laissant convaincre qu'il ne serait pas normal qu'il s'oppose à ce qu'on lui offre. Autre astuce, la manipulation émotionnelle : c'est ce genre de tactiques qui seront le plus souvent employées. Bref, il se fait avoir par de la manipulation raffinée, et vous y êtes potentiellement vulnérable vous aussi. Alors, soyez averti !

D'abord, on va vous faire croire une chose qu'on va vous présenter comme une « évidence vraie »... Votre conjointe va vous affirmer qu'il est normal que vous accédiez à sa dernière demande si vous l'aimez vraiment. Donc, si vous refusez, selon elle, vous ne l'aimez pas. Joli piège !

Votre adolescent va vouloir négocier à la hausse son heure d'entrée en argumentant que ses amis, eux, ont le droit de rentrer une heure plus tard que lui. Votre voisin va vous convaincre que vous seriez vraiment gentil de lui prêter votre chaloupe pour le week-end, laissant habilement sous-entendre que de lui refuser serait méchant. Votre patron va vous affirmer le plus sérieusement du monde, en réunion d'équipe, qu'il y aura des licenciements dans l'entreprise d'ici deux ans, avec des allusions bien orchestrées laissant croire que l'excellence de la performance pourrait faire la différence entre ceux qui seront remerciés de leurs services et ceux qui conserveront leurs postes, mais en se gardant bien évidemment de ne faire aucune promesse claire. Votre vieille mère, qui ne vous appelle jamais, va vous lancer un « Tu n'appelles pas souvent ! » d'un ton mi-accusateur, mi-culpabilisant, au prochain coup de fil que vous lui ferez. Et vous vous sentirez un enfant ingrat, cela va de soi.

Le génie du travail de Big Mouth, c'est d'être parvenu à s'infiltrer dans l'esprit d'un peu tout le monde. Chacun ayant « introjecté », c'est-à-dire ayant avalé tout cru le discours de celui-ci sans le savoir, finissant même par croire que c'est son propre discours. Cela vous dit quelque chose quand quelqu'un répète comme un perroquet une phrase, un précepte, une idée, un point de vue d'une époque, d'une culture, bref, ce genre de phrases toutes mâchées, toutes faites d'avance, que n'importe qui d'autre aurait pu dire à sa place ? C'est exactement de cela que je parle ici : « Il faut bien te faire une raison ! », « Sois raisonnable ! », « Tu n'as pas d'autre choix, voyons ! », « Les choses sont ainsi ! », « Rends-toi à l'évidence ! », « Tu serais bien fou de faire ça ! », « Il y a des choses qui ne se font pas, voyons ! », etc.

J'entends ces phrases toutes faites de la bouche d'innombrables clients, convaincus pour la plupart que ce sont eux qui les pensent vraiment. Curieusement, lorsque je leur demande s'ils sont vraiment et profondément d'accord avec ce qui vient de sortir de leur bouche, un doute surgit. En prenant le temps d'exercer leur sens critique, de sonder à l'intérieur d'eux-mêmes, ils prennent souvent conscience que leur véritable opinion est tout autre ou, du moins, plus nuancée.

Je vous donne un exemple vécu. Dans ma carrière de psychologue, sans vraiment y aspirer, je me suis fait avoir par la flatterie, comme tant d'autres. Je me suis ainsi retrouvé un jour gestionnaire dans un centre hospitalier, puis dans un centre de protection de l'enfance par la suite.

J'y étais souvent malheureux, dans le premier cas principalement pour des raisons d'atmosphère de travail, et dans le second cas parce que j'étais sous l'autorité de personnes plutôt Big Mouth dans leurs attitudes.

Comme de raison, ces employeurs n'ont jamais admis ces problèmes et ont même agi comme si « j'avais un problème », si vous voyez ce que je veux dire. Après quelques congés de maladie pour raison émotionnelle (à l'instar d'une bonne quantité de collègues eux aussi désabusés), j'ai fini par donner ma démission, et j'ai eu la merveilleuse idée de devenir psychologue en cabinet privé, ce qui fut l'une des meilleures décisions de toute ma vie.

Sans étonnement, certaines personnes de mon entourage professionnel me faisaient sentir que mon choix était stupide ou, plus délicatement, irréfléchi et risqué, puisqu'il impliquait une baisse salariale et l'abandon d'un emploi assuré à vie, une assurance maladie généreuse et un très bon fonds de retraite. Bref, je quittais ce à quoi aspirent pas mal de gens. Quel idiot ferait ça ? Eh bien, moi je l'ai fait !

Curieusement, je n'ai jamais vécu de congé de maladie depuis, j'ai plus de vitalité, mon humeur se porte mieux et ma qualité de vie personnelle s'est indiscutablement améliorée à mes yeux. Je me suis mis à réapprendre à rigoler, à apprécier le vent et à avoir plein de projets, dont l'écriture de romans jeunesse aux Éditions Pierre Tisseyre, ce livre que vous tenez entre vos mains, et d'autres à venir.

J'ai donc tenu tête au discours dominant de ce que tout professionnel *devrait* vouloir et je me suis enfin mis à respecter ce que moi je voulais profondément : être libre, faire les choses à ma façon, agir en concordance avec mes valeurs, ne plus jouer la comédie comme l'exigeait mon poste de gestion, dans lequel je me retrouvais immanquablement entre l'arbre et l'écorce assez souvent, mais sans les vrais pouvoirs décisionnels.

Plusieurs autres comme moi parmi mes clients ont choisi de suivre leur voie, ce qu'ils croient vraiment, ce qu'ils veulent véritablement. Et je les trouve vraiment mieux dans leur peau.

Je ne me souviens plus où j'ai lu ça, mais quelqu'un a déjà dit que « le jour où tu cesses de croire en tes rêves, tu commences déjà à cesser de vivre ». En fait, cela veut dire cesser de vivre pleinement. Évidemment, votre cœur continuera de battre, mais seulement la partie mécanique qui pompe le sang. Quant à la partie émotionnelle, celle-là qui vous fait vous sentir vraiment vivant et plein de vitalité, c'est elle qui meurt un peu plus chaque fois que vous vous trahissez vous-même, que vous vous laissez embobiner par d'autres, que vous vous éloignez de vos besoins profonds.

Je vous donne un exemple extrême afin de mieux vous faire comprendre. Imaginez un homme qui navigue comme passager sur un bateau de croisière. Tout se passe bien jusqu'au moment où il voit devant ses yeux sa petite fille de cinq ans tomber à l'eau. Il s'approche, s'affole, puis il saute alors qu'il ne sait pas bien nager. De l'extérieur, on dira que c'est suicidaire, soit. Ses chances de survie sont minimes. Toutefois, de son point de vue subjectif interne, l'importance que revêt cette petite fille n'a pas de prix. Il est prêt à tout pour elle. Risquer sa vie si témérairement lui est apparu une évidence, et tout son organisme était en pleine cohérence, en pleine harmonie : il n'a eu aucune hésitation avant de faire ce geste.

De fait, aux yeux de cet homme, assurer la pérennité de son lien avec sa petite fille est devenu son besoin numéro un, la chose la plus vitale qui soit. Son geste, dans ce cas-ci et de son point de vue, est absolument équilibré et sain. Personne ne parviendrait à le convaincre du contraire. Il est tellement bien connecté avec la totalité de son être qu'aucun Big Mouth ne réussirait en cet instant à le faire dévier de ce qu'il veut, lui, le plus au monde.

Voilà donc un exemple ultime, il est vrai, de préservation de son intégrité décisionnelle à méditer. N'y a-t-il pas des personnes, des rêves, des espoirs, des croyances, des projets, des parcours, des idéaux ou d'autres choses qui vous tiennent vraiment à cœur ? Les avez-vous honorés ou les avez-vous abandonnés au profit de futilités comme gagner toujours plus, avoir absolument raison sur les autres, amasser des biens matériels, bâtir une carrière qui n'en finit jamais, faire toujours juste ce que les autres vous disent de faire ou être la ménagère parfaite ?

Se faire avoir, c'est adhérer à quelque chose d'extérieur à soi que l'on finit à la longue par confondre avec sa personne, ses désirs, sa route.

C'est comme ça que Little Boy se perd de vue et s'éloigne des personnes et de la banquise qu'il chérissait avant. Qu'il oublie qu'il est un pingouin, qu'il s'écarte de sa nature profonde.

Les chemins et les moyens pour que Big Mouth parvienne à vous éloigner de vous-même sont multiples et sournois. Voici quelques exemples d'éléments auxquels vous cherchez à vous adapter de votre mieux, souvent plus ou moins consciemment, en jouant des rôles qui ne vous servent pas toujours :

- Les contraintes morales ;
- Les règles linguistiques ;
- Ce que vous devriez penser, selon les autres ;

- Les types de vêtements qui codifient bien des messages ;
- Le genre de nourriture autorisée ou dont vous martèle la publicité ;
- Le poids idéal selon des canons de beauté souvent inaccessibles ;
- Votre apparence générale que vous surveillez anxieusement ;
- Votre statut social qui prédéfinit plusieurs de vos comportements ;
- Ce que vous êtes supposé afficher (votre air) en telle ou telle circonstance ;
- L'identification à des modes, aux idées du jour ;
- Les attitudes dictées par la société ;
- Les façons de faire (comment éternuer, vous tenir à table, etc.) ;
- Les mœurs du temps, de votre époque, de votre pays ;
- Les codes culturels ;
- La définition de ce qui est vu comme acceptable ou non ;
- La nature du registre de vos sentiments, limités par votre sexe, votre culture, etc. ;
- Les lieux que vous fréquentez ;

- Les attentes liées à votre âge ;
- Votre salaire qui dicte votre rang ;
- Les rôles que vous jouez (travailleur, parent, conjoint, citoyen, électeur, consommateur, etc.) ;
- Votre profession ;
- Votre religion ou système de croyances ;
- L'exigence que tout doit avoir une apparence de rationalité ou de logique ;
- Le milieu dans lequel vous avez été éduqué ;
- Vos fréquentations ou compagnons du moment ;
- Les attentes explicites ou tacites que l'on vous soumet ;
- La performance que vous devinez qu'il faut livrer ;
- Les lois, les règlements et les interdictions de toutes sortes ;
- Les obligations qui vous incombent ;
- De très nombreux messages subliminaux qui vous assaillent de toutes parts.

Et il en existe bien d'autres. Je tenais juste à vous rappeler combien vous êtes souvent dirigé de l'extérieur. Soyons clairs ! Il n'y a rien de mal là-dedans tant que vous respectez ce que vous êtes, celui que vous êtes : vos opinions, vos sentiments, vos idées, vos convictions, votre corps, votre intégrité, etc.

La résignation : « C'est comme ça ! On n'y peut rien », c'est votre pire ennemi. C'est pour cela qu'on vous l'enseigne si jeune et de façon insidieuse. Cela permet que vous acceptiez de vous adapter à n'importe quoi. On n'est pas loin de la suradaptation, ne croyez-vous pas ?

Voyons maintenant, si vous le voulez bien, quelques exemples courants de manœuvres déloyales de Big Mouth.

LA PERFORMANCE, LA COMPÉTITIVITÉ ET L'EXCELLENCE

D'abord, le cas pathétique de la performance et de l'excellence. Depuis quelques décennies, on ne cesse de nous rebattre les oreilles avec ces deux mots devenus des incontournables. Au point où on s'y résigne, telle une fatalité impossible à contourner, un *must* à la mode qui, une fois votre esprit bien convaincu, va vous suivre toute votre vie. « Pour votre bien »... cela va de soi !

En définitive, tout est plus compétitif qu'avant, alors il faut bien que nous y préparions nos enfants : deux cours de danse classique par semaine, un cours de piano, de la natation, un professeur privé de diction, un camp d'immersion en langue seconde, une activité parascolaire d'initiation aux sciences, les meilleures notes à l'école, et puis quoi encore ?

Nous aimons nos enfants, alors il faut bien que nous les stimulions, me direz-vous. C'est pour leur bien. Oui, mais il faut voir comment vous vous y prenez. Je suis d'accord pour qu'on stimule le goût de se dépasser, de relever des défis bien calibrés, c'est-à-dire atteignables *mais* significatifs. Le goût du travail de qualité, afin de repousser la médiocrité.

Alors, pourquoi observe-t-on une augmentation de l'anxiété chez les enfants ? Pourquoi des *burnouts* (fatigue excessive) à l'âge de douze ans ? Pourquoi des dépressions précoces ?

Alors qu'une de mes filles avait quatre ou cinq ans, je l'accompagnai à son premier cours de natation. Je m'assis pour regarder et je vis autour de moi une meute de parents anxieux des performances de leurs bambins, essayant de justifier maladroitement le fait que le leur ne soit pas à l'aise dans l'eau ou ne réussisse pas encore à sauter du tremplin. Ce jour-là, assis parmi eux, je me sentais vraiment, mais vraiment tout seul. Moi, je venais juste voir ma petite fille Delphine s'amuser dans l'eau. Suis-je anormal de considérer que c'est en apprivoisant des apprentissages par le jeu qu'un enfant apprend ? Que chacun a droit à son rythme ? Que nous n'avons pas tous à nous préparer pour les Jeux olympiques ? Que chacun a droit à ses talents *et* à ses limites ?

Je ne crois pas que ce soit sain de se servir toujours de la comparaison humiliante comme système motivationnel. Cela n'a jamais marché et ne marchera jamais. Vous obtiendrez de l'individu, dans les meilleurs cas, un conformisme, une obéissance superficielle, mais pas une motivation interne durable.

Voulez-vous que votre enfant prenne des stéroïdes pour gagner sa vie, comme le font tant de cyclistes et d'athlètes professionnels de nos jours ? Voulez-vous qu'il soit obligé de vivre avec des doses quotidiennes d'antidépresseurs ? Voulez-vous qu'il recoure aux anxiolytiques comme le font bon nombre de musiciens d'orchestres de musique classique tellement la pression les écrase ?

Voilà un très bel exemple contemporain de l'œuvre de Big Mouth. Il est parvenu à vous faire croire que votre enfant va vivre dans un environnement tellement surchargé de compétitivité féroce dans vingt ans qu'il faut l'endurcir tout de suite et l'y préparer. Toutefois, est-ce vraiment ce que vous souhaitez pour lui ? Est-ce le legs sociétal que vous avez envie de lui laisser ? Ne pourriez-vous pas vous poser des questions avant d'endosser de telles insanités, contraires à ce à quoi un humain devrait être exposé ? Voulez-vous le bonheur de votre enfant ou en faire une bête de cirque qui fait tout ce qu'on lui demande sans jamais s'opposer ?

Un livre que j'ai feuilleté récemment devrait achever de vous faire réfléchir : *Ces enfants que l'on veut parfaits*, du Dr. Élizabeth Guthrie et de Kathy Matthews.

De leur côté, Nicole Aubert et Vincent de Gaulejac, auteurs du *Coût de l'excellence*, nous mettent aussi en garde : « La quête de qualité totale et de zéro défaut qui imprègne de plus en plus l'univers de l'entreprise s'étend désormais hors de ses frontières. Il s'agit de réussir sa vie, d'être performant en tout, bref, de gagner dans une société qui ne veut connaître que le succès et n'a que faire des perdants. [...] Or, l'excellence a un coût : le stress permanent, les décompensations physiques et psychiques, la brûlure interne de ceux qui se consument dans l'obsession de la performance constituent la face cachée de cette course à la réussite. »

Les plus beaux exemples de ce genre de gâchis sont les Jeux olympiques et le vedettariat modernes. L'esprit olympien s'est vu complètement dénaturé par Big Mouth parce que ce ne sont plus des athlètes comme modèles inspirants que l'on admire, mais un combat de coqs de stéroïdes, de commandites et de nations qui se battent férocement pour une vitrine publicitaire internationale. Les quelques dizaines de médaillés reçoivent le tapis rouge, les journalistes et les offres de jouer dans une pub, tandis que les centaines d'autres athlètes qu'on savait apprécier auparavant pour s'être rendus là grâce à la sueur de leur front et à leur talent n'intéressent plus personne. Même les sportifs professionnels millionnaires qui, eux, possèdent une machine à sous qui les propulse jusque-là sont venus briser les règles du jeu, les chances égales ayant été anéanties.

Quant au système de vedettariat à la Hollywood, que chaque pays riche essaie piteusement d'imiter dans l'industrie du spectacle, le même mensonge y règne, la même manipulation à la Big Mouth s'y retrouve. On tente de vous faire croire que tout le monde a sa chance, alors qu'une infime fraction des aspirants sera sélectionnée par les producteurs. Pas toujours pour leur talent, mais surtout pour leur valeur marchande en tant que produit à potentiel commercial.

Le message est alors le suivant pour vos jeunes : « Tous les coups sont permis, il n'y a pas de limites pourvu que tu entres dans le panthéon des vedettes. » Petite élite de gagnants qui surplombe avec brio (?) la masse d'aspirants perdants que sont tous les autres, dont vous et moi.

L'excellence n'est pas donnée à tous, désolé. Seuls les excellents… excellent. Et puis après ? Où est le problème ? Vous ne serez pas nécessairement malheureux ni ne deviendrez un vaurien parce que vous n'êtes pas excellent en mathématique. Vous disposez sûrement d'un autre talent qui vous fait éprouver de la fierté et grâce auquel réussir et atteindre vos buts sera possible. Vous êtes peut-être très bon en relations humaines, dans les arts, dans les affaires, ou dans n'importe quel autre champ d'activité que vous aimez.

Si vous voulez vous déprogrammer le cerveau de ce mythe de l'excellence ou rien, apprenez à valoriser vos succès, aussi petits soient-ils. Ils valent gros, car ce sont les vôtres. Personne n'a le droit de vous les enlever ni le mérite qui va avec eux. En fait, essayer, c'est déjà beaucoup.

« L'important, ce n'est pas ce qu'on réussit, c'est ce qu'on essaie. » Ce n'est pas de moi, mais de Marcel Achard, auteur dramatique français. Ça ramène les idées sur terre, non ?

LE CAS DU CHANGEMENT DÉIFIÉ

« Il est naturel d'admirer ce qui est nouveau plutôt que ce qui est grand », nous disait Sénèque dans des temps fort lointains d'ailleurs. La chose semble persister encore aujourd'hui si on en croit cette folie collective qui bénit toute forme de changement, comme si cela était automatiquement synonyme de bienfait.

Suis-je le seul à avoir compris qu'en vous faisant croire que votre logiciel acheté il y a à peine deux ans est déjà désuet, le marchand parvient sans peine à vous en vendre un autre ? Ce même raisonnement s'applique pour votre voiture, votre écran de télé, votre matelas, votre lave-vaisselle, votre cellulaire, votre portable, etc.

Les entreprises et toutes les organisations sont tellement devenues obsédées par le mot « changement », de peur de se faire déclasser par la compétition et s'imaginant que changement = meilleures chances de succès à tout coup, qu'elles en oublient les conséquences : les humains n'arrivent plus à suivre la cadence.

L'emprise du mot « changement » sur notre façon de penser est telle que si vous vous y opposez ou même si vous le remettez simplement en question, vous êtes affublé de l'étiquette de « résistant au changement » sans droit de réplique. Ce qui est assez mal vu de nos jours.

Quelqu'un qui demande pourquoi on doit changer de formulaire tous les six mois se fait regarder bizarrement. Quelqu'un qui demande pourquoi ce qui était vrai il y a une semaine ne l'est plus tout à coup reçoit un soupir d'agacement. Quelqu'un qui demande à son conjoint pourquoi il a deux maîtresses ne reçoit aucune réponse… si ce n'est que c'est pour changer.

J'ai obéi moi aussi aveuglément à ce diktat en changeant de nombreuses fois d'agenda électronique. Je dois avouer honteusement que, à part faire de moi un expert en gadgets électroniques, cela ne m'a rien apporté du tout. Ce qu'un appareil a de plus ne me sert souvent à rien de bien utile, en fait.

J'imagine que vous changez d'auto assez souvent comme la plupart de vos amis, parents et collègues ? Pourquoi au juste, puisque la qualité des véhicules permet de les garder plus longtemps de nos jours ? Quel intérêt ce comportement appris sert-il au fond ? Je vous laisse deviner.

QUAND TOUT DEVIENT MONNAYABLE

« Pour créer un marché, il faut inventer un problème, puis trouver la solution », disait Scott Adams, auteur des bandes dessinées *Dilbert*. C'est la clé de bien des mises en marché de nouveaux produits.

Vous ne saviez pas que votre cellulaire ne permet pas la navigation Internet à haute vitesse ? Heureusement, votre fournisseur vous l'a dit et vous a proposé un nouveau modèle de remplacement que vous vous empresserez d'acheter pour être de votre temps. Et ainsi, vous pourrez naviguer sur Internet au moins… dix-neuf minutes dans les dix-huit prochains mois, sur un minuscule et médiocre petit écran de trois centimètres carrés. Cela justifie largement le prix élevé de votre nouvel appareil, c'est évident !

Vous ne saviez pas que vos meubles sentaient vraiment mauvais ? En tout cas, votre nez ne vous en a jamais parlé, mais telle compagnie spécialisée dans les aérosols parfumés va vous convaincre en un tour de main que vous en aviez vraiment besoin.

Vous avez mal au dos ? Ne vous en faites pas, il existe trente-six produits non scientifiquement éprouvés en clinique sur les tablettes à la pharmacie du coin. Vous vous sentez le moindrement inquiet ? Achetez un de ces systèmes d'alarme complets, installation gratuite, pour un modique paiement mensuel… à vie.

Vous vous sentez coupable de ne pas prendre le temps de faire suffisamment d'exercice physique ? Qu'à cela ne tienne ! Procurez-vous le tout nouveau Wonder Exerciser pour seulement quatre paiements faciles sur votre carte de crédit… que vous abandonnerez sans doute dans les prochains vingt jours.

Vous êtes fatigué, las, irritable ou démotivé ? Ne vous inquiétez pas, votre agent de voyages va se faire un plaisir de vous préparer un séjour formule tout inclus à Cancun, au Mexique. Quelle aubaine ! Surtout qu'il vous reste tout juste la somme requise disponible sur votre carte de crédit.

Vous saisissez l'idée, maintenant ?

Plus on vous vend, plus vous vous endettez. Plus vous vous endettez, plus vous devez travailler dur. Plus vous devez vous taire et tout accepter... L'insécurité vous ronge par en dedans et vous mène par le bout du nez.

Vincent de Gaulejac l'explique remarquablement bien dans son ouvrage *La société malade de la gestion :* « [...] une incitation à l'investissement illimité de soi dans le travail pour tenter de satisfaire ses penchants narcissiques et ses besoins de reconnaissance. Il s'agit d'instiller dans les esprits une représentation du monde et de la personne humaine, en sorte que la seule voie de réalisation de soi consiste à se jeter à corps perdu dans la lutte des places et la course à la productivité. Or, comme pour mieux assurer son emprise, cette logique déborde hors du champ de l'entreprise et colonise toute la société. [...] Le moi de chaque individu est devenu un capital qu'il doit faire fructifier. [...] La société n'est plus qu'un marché, un champ de bataille insensé où le remède proposé aux méfaits de la guerre économique consiste toujours à durcir la lutte. »

« Je vaux mon salaire, je suis devenu une valeur marchande. » Voilà une définition de soi internalisée dès nos premiers pas dans la vie moderne.

LE TROUBLE DE CONCENTRATION... ET LA DÉRESPONSABILISATION

Le fait de devoir vous adapter à de si nombreuses choses, dont bon nombre ne sont pas considérées comme sensées, n'est pas sans conséquences. L'un des premiers effets qu'on observe souvent est la baisse de concentration, la distractivité et l'inefficacité de votre mémoire à court terme. À un tel point que plusieurs clients qui vivent des malaises émotionnels me demandent souvent : « À partir de quel âge peut-on être atteint d'Alzheimer ? » tellement ils entretiennent des doutes sur leurs capacités cognitives des derniers mois.

Quand quelqu'un présente de moins bonnes capacités de concentration par un excès de fatigue, par le stress ou par une perturbation émotionnelle, il devient encore plus vulnérable aux manipulations car il se met à douter de lui-même.

Une autre preuve que la concentration des gens aujourd'hui est en chute libre, c'est le nombre effarant d'erreurs qu'ils commettent au travail, dans le paiement de leurs factures, dans le fait qu'ils oublient souvent ce qu'on vient juste de leur dire ou ce qu'ils viennent juste de lire. Les employeurs réagissent par des mesures de contrôle toujours plus sophistiquées et coercitives, ce qui augmente le stress à l'idée de se faire prendre en défaut. Un véritable cercle vicieux dont la résultante est un accroissement de méfiance malsaine. Pas besoin de vous dire que les climats en souffrent grandement en bout de piste.

En fait, quand vous êtes perturbé, même modérément, votre système limbique (une structure située au centre du cerveau) s'affole, et ses projections neuronales, se dirigeant vers les lobes frontaux, viennent déranger votre concentration. Certains jeux hormonaux additionnels, sous l'effet du stress, n'aident en rien la situation.

Trop de moments où vous vous mettez à subir une moins bonne concentration-attention peuvent à la longue vous faire douter de vous-même, comme je l'ai mentionné précédemment, diminuant votre confiance dans votre jugement et dans la fiabilité de vos actes. Ce qui en entraîne plusieurs à chercher à s'appuyer sur d'autres pour compenser. Ou encore, cela enseigne à bon nombre d'entre nous, comme réflexe psychologique de survie, à camoufler ses erreurs ou à chercher à les faire passer sur le dos de quelqu'un d'autre.

Je l'ai entre autres remarqué petit à petit dans les restaurants qui offrent des commandes pour emporter. Le pourcentage d'erreurs n'a fait qu'augmenter. Pensez également à la qualité de service des institutions gouvernementales, des compagnies de téléphone, des fournisseurs Internet, des services bancaires, des commerces au détail, de l'hôtellerie, etc.

Lorsque je leur signale des erreurs, leur premier réflexe est de nier les faits. Si j'insiste, on me répond que je me suis peut-être trompé – protection de l'image de l'entreprise qu'on veut faire passer pour infaillible –, et si j'insiste encore, on me répond généralement qu'on va vérifier et me rappeler, auquel cas on ne me rappelle jamais, espérant que je laisserai tomber. Si je reviens à la charge, ils essaient habituellement de minimiser l'inconvénient découlant de leur présumée erreur – car ils ne l'admettront jamais – et tentent de s'en sortir avec une vague excuse, sans offrir de dédommagement. Finalement, si j'insiste encore plus, ils essaient de me faire porter une partie de l'ambiguïté de la situation en me proposant une solution inférieure à un dédommagement juste. Assez curieux, non ? Surtout qu'on nous inonde de publicités affirmant que le client est au cœur de leurs préoccupations… Cela porte à réfléchir.

Je ne suis personnellement pas enclin à traiter d'incompétents tous ces gens, car une bonne part de ce taux d'erreurs à la hausse repose sur des environnements de travail malsains, dans lesquels ils essaient de survivre du mieux qu'ils le peuvent.

LA FACILITÉ ET LA SÉDENTARITÉ COMME MODÈLE IDÉAL DE VIE

Vous vous souvenez sans doute de cette société des loisirs qu'on nous avait annoncée il y a plusieurs années ? Les statistiques démontrent à l'inverse que le nombre moyen d'heures travaillées a augmenté petit à petit. Et j'ajouterais que non seulement le temps officiel de travail a augmenté, mais que le temps « mental » consacré au travail s'est lui aussi accru. Plus de gens apportent les problèmes de bureau à la maison, de peur de ne pas parvenir à respecter les échéanciers prévus. Cela les rend plus distraits en présence de leurs proches, augmente le risque d'accidents routiers et leur vole du temps personnel. Ils voient leur niveau général d'énergie en souffrir par une usure accélérée du corps et de l'esprit.

La sédentarité, cet éloge de l'immobilisme, s'installe alors comme un mode de vie permanent. Sédentaires, entre autres, parce qu'épuisés, n'ayant pas la force de faire plus que de zapper passivement sur une télécommande en regardant distraitement des images défiler devant leurs yeux, corps immobile, cerveau au ralenti.

Tout au plus, pour bon nombre, leur reste-t-il la force d'acheter un billet pour en voir d'autres qu'eux se démener sur une scène. Encore un point pour la théorie de notre ami Scott Adams : un problème a été créé, puis une solution monnayable a été proposée. Les contestataires de la vieille école appelaient ça « se faire récupérer par le système ».

Le système social crée une insatisfaction, puis invente tout de suite une réponse compensatoire afin que personne ne s'en plaigne trop. Brillant !

C'est sans doute à cela que fait référence Monique Soucy dans son livre *J'ai mal à mon travail : jusqu'où tolérer l'insatisfaction ?* lorsqu'elle écrit : « Tant de produits nous sont proposés et imposés si subtilement que nous en venons à les considérer comme des besoins. Des techniques psychologiques très efficaces programment en quelque sorte notre inconscient dans ce sens. Faute d'analyse convenable et de recul suffisant, nous ne nous rendons pas toujours compte que nos choix et notre style de vie nous sont dictés par un désir de fuite et de compensation. »

LE PERFECTIONNISME ET LA SURCONFORMITÉ

Si vous souffrez de perfectionnisme – pas extrême, on s'entend, mais juste la bonne dose –, vous êtes un employé recherché. Avec vous, on est certain que le travail sera très bien fait.

Si vous êtes hyperconformiste de surcroît, alors là, bravo ! vous êtes la perle aux yeux de plusieurs patrons. Vous ne serez pas un employé à problème qui se plaint de ses conditions, vous allez tout faire pour atteindre leurs objectifs, et même plus.

Votre santé est votre dernier souci, vous surpasser est votre raison de vivre, votre valorisation, votre leitmotiv.

Pas étonnant que Big Mouth véhicule ce genre de discours comme modèle du travailleur idéal. Faire toujours plus avec moins de personnel et moins de ressources, réduire les coûts de production. N'est-ce pas ce dont on vous a rebattu les oreilles depuis des années ? Au point où c'est désormais devenu banal et imbriqué dans la plupart des cultures de travail de vivre des compressions budgétaires d'année en année.

Je remarque même que cette tendance contamine de plus en plus les relations de couple et les rapports parent-enfant. Nous devenons de plus en plus exigeants les uns envers les autres sur des détails, perdant de vue l'essence de nos relations.

L'obsession d'un monde parfait gagne de plus en plus les esprits comme un réflexe conditionné : décoration parfaite, symétrie parfaite, tenue parfaite, nettoyage parfait, pelouse parfaite, voiture neuve parfaite, dents parfaites, chevelure parfaite, exécution parfaite, etc.

Cette course à la perfection absurde, parce qu'elle est motivée seulement par la recherche du « sans fautes » et de l'impeccabilité, peut devenir assez aliénante en vous faisant vous préoccuper exagérément de détails secondaires. Encore une manœuvre qui aboutit à une perte de sens parce que vous allez manquer de vision globale des choses. Tout vouloir fignoler et passer au peigne fin gruge en plus une somme d'énergie impressionnante. Une autre occasion de perdre de l'entrain.

DES VIES RÉDUITES À LA GESTION DE L'IMAGE

Quelqu'un a déjà dit : « Je pense, donc je suis. » À notre époque, les gens adhèrent plutôt à : « Ce dont j'ai l'air, c'est cela que je suis. » Pas marrant !

Si vous surinvestissez dans la gestion de votre image comme les modes de pensée actuels l'encouragent, vous ne connaîtrez que 10 % de la personne que vous êtes. Pensez-y bien : 10 %, ce n'est pas beaucoup !

Vous êtes quand même plus que votre nouvelle dentition, votre nouvelle coiffure, votre salaire, votre nouvelle chemise, votre nouvelle montre, votre nouvelle voiture, votre diplôme, votre maison. Je n'ai rien contre le fait que vous en jouissiez ou que vous en soyez fier, mais de grâce, accordez-vous plus de considération !

J'entends fréquemment : « Qu'est-ce qu'ils vont dire ? » Phrase qui traduit une importance excessive accordée à l'opinion d'autrui, au détriment de ce que l'on veut vraiment.

Si vous espérez être plus aimé en misant exclusivement sur l'image que vous projetez, votre entourage risque d'être attiré par cette image… pas par vous. Une vedette, on ne l'aime pas, *elle*, cette personne, mais seulement l'image que son producteur ou son gérant ont fabriquée pour la télévision et la scène. Pensez-y !

D'autant plus que vous risquez assez vite de confondre votre identité avec votre image du moment, celle à la mode du jour – donc changeante –, proposée et créée par d'autres. Ce n'est pas ce que j'appelle une vraie identité, en tout cas. Il s'agirait plutôt d'une pseudo-identité empruntée.

LA CULPABILITÉ

Un instrument extrêmement efficace dont dispose Big Mouth pour vous amener là où il veut, c'est la culpabilisation. Les gens font cela entre eux, plusieurs en tout cas. Les sociétés de toutes les époques ont toujours colporté des diktats prêts à penser afin de gérer la vie des gens : religions, institutions, gouvernements, mœurs du temps, etc. Et leur corollaire, c'est la culpabilité. Cette introjection des jugements externes que vous trimbalez dans votre tête, prêts à s'emparer de vos pensées dès que vous dérogez de la bonne conduite, c'est-à-dire du rayon d'action autorisé par le cadre social auquel vous appartenez qu'il soit à l'échelle familiale, locale, nationale, etc.

Apprenez en tout premier lieu à différencier le remords de la culpabilité. Le remords, c'est quand vous avez véritablement trahi vos propres valeurs et que vous le regrettez sincèrement. La culpabilité, quant à elle, survient quand vous vous accusez sévèrement vous-même ou laissez quelqu'un vous accuser, alors qu'en fait vous n'avez rien fait d'intentionnellement mal.

Par exemple, vous roulez avec votre voiture la nuit, normalement, en respectant la limite de vitesse. Un type ivre s'élance devant votre véhicule et vous le heurtez de plein fouet, n'ayant rien vu venir. Vous vous affolez, vous sentant déjà très mal à cause de cet accident, vous accusant de ne pas avoir eu la présence d'esprit de passer par là dix secondes plus tôt ou de ne pas avoir choisi une autre route, car ainsi l'accident aurait pu être évité. Ce raisonnement complètement irrationnel se produit très souvent dans ce genre de circonstances. La culpabilité, cette instance accusatrice internalisée de longue date, vous ronge par en dedans.

En voici un autre. Vous sautez un seul dimanche et n'appelez pas votre mère acariâtre qui vous lance constamment des remarques déplaisantes à la moindre occasion. Vous aviez besoin d'une pause. Ce même soir, vous n'arrivez pas à dormir, car vous vous sentez coupable de votre geste, inquiet d'être devenu un enfant ingrat.

Afin de contrer cela, rappelez-vous que vos erreurs ne sont pas des fautes et, surtout, que la plupart des supposées fautes dont les autres vous accusent n'en sont pas. Le plus souvent, ce sont des moments de désobéissance à leurs demandes excessives, injustes ou contraires à vos besoins.

Autre remède, cultivez la compassion envers vous-même. Vous avez le droit de vous tromper parfois, sans qu'on en fasse tout un drame. Vous êtes humain, après tout !

LES DÉPENDANCES MULTIFORMES

Bon nombre de dépendances existent de nos jours : dépendance affective, jeu compulsif, cyberdépendance, achats impulsifs, dépendance sexuelle, à l'alcool, à la drogue, financière, psychologique, et bien d'autres.

Devenir dépendant de la sorte réduit votre libre arbitre et vous fait habituellement perdre de vue vos autres besoins, trop obsédé que vous êtes par ce qui vient entièrement définir et envahir votre vie. Encore un piège où Big Mouth peut vous diriger comme une marionnette. Soyez-en conscient.

VIVRE SA VIE PAR PROCURATION

Comme votre vie ne ressemble pas suffisamment à ce que vous auriez besoin qu'elle soit, on vous sert de nombreuses occasions de vivre celle de quelqu'un d'autre, l'espace d'un instant, comme si c'était la vôtre, tout en vous faisant envier cette personne.

Toutes les émissions télévisées présentant des jeux de loterie misent sur ce principe. Vous regardez le type gagner le gros lot en direct et vous vivez et enviez ce qui lui arrive. Ce serait tellement merveilleux si c'était vous qui étiez là, à sa place !

Bon nombre de téléromans et de téléséries procèdent de la même manière. Vous vivez par procuration les amours, les aventures et les gloires des personnages principaux.

Pendant ce temps de « répit », vous oubliez votre situation de couple plus ou moins satisfaisante, votre voisin déplaisant, le caractère ennuyeux de votre propre vie… et cela vous fait du bien pendant quelques heures. Cela vous permet ainsi de vous faire tolérer un peu plus, toujours un peu plus, les aspects de votre vie qui ne vous conviennent pas depuis longtemps. Et le tout se soldera par un « C'est pas si mal ! », suivi d'un long soupir. Jusqu'à la prochaine fois...

LE NARCISSISME

Il s'agit du triomphe de l'ego, cette partie de soi qui ne souffre pas la contrariété et qui a peur de son ombre.

Tout a été dit. C'est dans la culture des temps modernes que chacun se gonfle l'ego à un point tel qu'il perd de vue toute sa personne, sa globalité, pour ne s'intéresser qu'à la partie de soi la plus étroite, son orgueil.

Ainsi, au lieu de vous intéresser à vos besoins, vous tombez dans le piège de vouloir ne satisfaire que vos envies. Satisfactions éphémères et souvent factices, dont le vide sous-jacent ne peut être leurré toute une vie. D'où les malaises existentiels qui ne tarderont pas à apparaître chez la plupart d'entre nous, et une vie superficielle et irréelle pour les autres.

L'INDIVIDUALISME

Pendant que j'écrivais ce chapitre, j'ai fait un rêve révélateur, une nuit. Ce dont je me souviens, c'est qu'il y avait un parti politique qui portait le nom de Vieux Moulin et dont le but était de promouvoir le retour à la solidarité sociale, comme dans le temps où, lorsqu'un fermier vivait le malheur d'un incendie, tout le voisinage faisait une ou deux journées de corvée collective pour l'aider à se rebâtir. Vous en conviendrez avec moi, on ne voit plus cela de nos jours, pas dans nos pays riches soi-disant plus évolués en tout cas.

Honnêtement, c'est ce rêve qui m'a donné l'impulsion d'écrire sur l'individualisme, comme exemple de ce que Big Mouth nous a enseigné. En effet, si bien des choses perdent leur sens sous l'angle des besoins humains, il y a une certaine cohérence dans le système social auquel nous sommes tous soumis : la logique économique…

À bien y penser, plus vous agissez avec une mentalité individualiste, plus c'est payant pour les fabricants de produits. C'est simple. Si trois voisins partageaient la même tondeuse, les ventes du marchand seraient amputées des deux tiers après quelques années. Vous me suivez ? Alors, on doit vous enseigner à ignorer toute forme de solidarité avec votre voisin immédiat, alors qu'il n'y a pas de problème à clavarder sur votre ordinateur avec un correspondant chinois ou africain parce que vous ne pouvez rien acheter de commun avec eux. Vous conservez un sentiment virtuel d'appartenir au monde entier, tout en vous isolant comme consommateur… et comme être humain, dans votre voisinage immédiat.

Au travail, Big Mouth va vous enseigner à vous centrer seulement sur votre petite affaire, de sorte que vous restiez de glace devant une injustice que subira un collègue, trop préoccupé par vos aspirations personnelles (sont-ce vraiment les vôtres ?). Astucieux, il n'y a pas de doute !

LA COHÉRENCE ÉCLATÉE ET LA PERTE DE SENS

Être exposé répétitivement à des situations, à des personnes ou à des récits (journaux, télévision, etc.) en apparence dénués de sens, cela demande un effort surhumain d'adaptation à la longue. Et Dieu sait que les nouvelles télévisées sont truffées d'informations incohérentes qui n'aident en rien à avoir une vue d'ensemble structurée et claire de notre société.

La recherche de cohérence n'a plus bonne presse en ce XXIe siècle. Cela demande du temps, et nos journées accélérées ne nous en laissent plus. Votre patron peut alors se permettre de dire le jeudi exactement le contraire de ce qu'il disait le mardi précédent, sans même avoir à s'expliquer ; votre belle-sœur si gentille que vous adoriez trompe votre frère avec une légèreté désarmante ; votre professeur change les règles du jeu de l'examen le plus important du trimestre à la dernière minute ; des policiers du coin ferment les yeux sur un excès de vitesse inacceptable d'un notable de la place ; vous subissez une baisse salariale alors que vous avez travaillé comme un déchaîné ces derniers mois ; même si vous habitez un quartier huppé où vous vous pensiez à l'abri, un pédophile notoire y arpente les parcs et les cours d'école ; les politiciens promettent des choses qu'ils oublient le mois suivant ; le maire de votre ville fait un discours sur le rôle primordial de la famille, puis annonce des compressions budgétaires dans les terrains de jeu ; le PDG de la chaîne de restauration rapide McDonald's se permet candidement d'accuser les marchands de jeux vidéo de rendre les enfants obèses.

Ces incohérences auxquelles vous êtes exposé déteignent à la longue sur vous, jusqu'à ce que votre propre manque de cohérence – comportement, sentiments, discours, valeurs, pensées – en vienne à vous affecter au point de créer de la dissonance cognitive et des tiraillements intérieurs.

Ce jour-là, vous devenez très vulnérable à ceux qui banaliseront vos valeurs et qui vous écarteront de celui que vous êtes vraiment. Si bien que vous pourriez vous éloigner encore plus de vos propres valeurs, de votre propre conception des choses, de vos propres convictions… et peut-être même de ceux qui vous aiment.

L'INSÉCURITÉ OBÉISSANTE

Toutes les tactiques ou tous les événements de l'heure peuvent servir à saper votre confiance en vous-même et au monde qui vous entoure. De plus, une insécurité diffuse, apparemment sans objet clair, peut vous faire accepter n'importe quoi.

Si vous croyez qu'un terroriste peut se trouver à n'importe quel coin de rue, que la Bourse peut se dérégler, que le prix de l'essence peut exploser à tout moment, qu'un ouragan peut emporter votre maison du jour au lendemain, que votre voisin pourrait être un tueur en série ou qu'il n'est pas prudent de sortir seul dans les rues le soir, vous êtes drôlement vulnérable.

Pour calmer cette insécurité, vous êtes prêt à consentir à bien des choses : lois de contrôle accrues, caméras de surveillance partout, pièces d'identité à tout propos, restriction des libertés, et même plus. Votre degré d'obéissance augmente, vous devenez malléable et facile à diriger. Cependant, votre liberté décisionnelle et votre sens critique pour faire la part des choses tombent en chute libre du même souffle. On vous dira : « C'est un sacrifice nécessaire de nos jours ! »

Et voilà ! Vous n'avez pas un mot à dire : Big Mouth a parlé en « votre » nom.

L'INSATISFACTION CHRONIQUE

De plus en plus de gens ne se satisfont plus de rien. Ils passent rapidement d'un désir à l'autre à haute vitesse. Ils s'achètent une chose, s'enivrent quelques jours, puis sont déjà prêts pour autre chose à consommer : produits, relations, projets, etc.

Ce problème survient quand vous ne prenez pas le temps de savoir ce que vous voulez vraiment, ce dont vous avez véritablement besoin. Vous confondez encore envie et besoin, comme s'il s'agissait d'équivalents alors que ce n'est souvent pas le cas.

Les épiciers l'ont compris en plaçant les denrées les plus nécessaires au quotidien, tels le lait et le pain, complètement à l'arrière du magasin. Ainsi, vous allez devoir passer devant les allées de produits de « tentation » comme les barres de chocolat, les biscuits et autres, auxquels vous risquez de vous attarder jusqu'à en acheter un au passage, telle une petite douceur qui vous manque dans votre existence. Et voilà une astuce de plus de Big Mouth pour conclure une vente additionnelle.

Ce sont ces myriades de petites insatisfactions, frustrations, contrariétés et anxiétés continues qui président à ce genre de comportement. Vous risquez de faire de même avec une insatisfaction de couple non résolue qui perdure, face à laquelle vous manquez de courage pour vous y attaquer ou devant laquelle vous paralysez littéralement. Pendant votre prochain congrès du mois suivant prévu à l'extérieur de la ville, un soir, après deux ou trois verres d'alcool, la tentation des bras de quelqu'un d'autre peut agir comme un aimant, un baume compensatoire facilement accessible et vite oublié. Je ne vous apprendrai rien en vous disant que cela n'est que partie remise, car votre couple ne s'en portera pas mieux... Ce sera peut-être en apparence plus vivable pendant quelques mois, sans plus.

Il en va de même pour l'emploi que vous détestez ou qui vous rend malade. Ces billets de loterie que vous achetez religieusement toutes les semaines vous aident à tolérer une autre semaine de plus de cet enfer, mais ils ne règlent rien. Une chance sur un million que ce billet vous sorte de votre misère.

Il est fort possible que votre démission parentale complète face à votre fils de sept ans – qui est devenu, à force de gâteries et de largesses excessives, un enfant roi – s'explique elle aussi par votre insatisfaction chronique dans votre rôle de parent, que vous allez fuir en baissant les bras et en détournant votre attention vers autre chose de moins confrontant, comme zapper distraitement les chaînes de la télé.

Les insatisfactions chroniques s'expliquent d'abord parce que tout ce à quoi vous vous adonnez jour après jour ne correspond que partiellement à ce dont vous avez le plus besoin. Vous êtes tellement conditionné à consommer le monde que vous ramenez tout à un problème technique, matériel ou accessoire, alors que la plupart de vos besoins humains vitaux – une fois vos besoins physiques de base comblés – sont de l'ordre humain, justement : relations, sentiments, enjeux de fond (comme vos rêves ou les choses et les personnes qui comptent vraiment à vos yeux).

Vous satisfaire, comme je l'ai mentionné précédemment, repose en premier lieu sur une bonne lecture de vos besoins, et non sur votre empressement à suivre toutes vos impulsions et tous vos caprices du moment qui sont, admettez-le, des mirages au service des intérêts d'autres personnes que vous.

LA MONTÉE DE L'UTILITARISME MODERNE

D'abord, faisons connaissance, si vous le voulez bien, avec la pensée de Richard Hycner sur les concepts de *I-Thou* et de *I-It*, tiré de son merveilleux livre *Between Person and Person*.

La position relationnelle de personne à personne (I-Thou) implique qu'on s'intéresse authentiquement à l'autre lors d'un échange interactionnel, qu'on valorise son altérité. Par ce terme, on entend ici savoir reconnaître son unicité, ce qui en fait un être distinct, sans toutefois contredire son lien et ce qui nous unit en tant qu'êtres humains. L'autre devient ce qui compte, en tant que personne justement, et non simplement un moyen pour atteindre ses buts personnels. De plus, cette position sous-entend qu'on se montre soucieux de partager le caractère humain de ce qu'on est l'un l'autre.

[...] À l'opposé, la position relationnelle qui estime l'autre comme un objet (I-It) s'observe lorsqu'on le prive de son statut de personne – le considérant simplement comme un moyen pour arriver à ses fins. Ici, on utilise l'autre carrément. [...] Cette position relationnelle est beaucoup plus incomplète sur le plan qualitatif, mais elle paraît aux yeux de bon nombre moins risquée sur le plan émotionnel. C'est effectivement une position en apparence sécuritaire, mais bien moins satisfaisante en bout de ligne.

[...] Ce n'est pas tant qu'il existe des attitudes interpersonnelles où l'on objectivise l'autre qui pose un problème, mais plutôt leur prédominance excessive partout dans nos sociétés technocratiques modernes.

(Traduction libre de l'auteur)

En gros, Hycner nous rappelle que les humains peuvent entrer en relation entre eux en se traitant comme des objets à utiliser *(I-It)* ou comme des personnes à qui adresser de la considération *(I-Thou)*.

Il ajoute que trop souvent on s'utilise les uns les autres à des fins personnelles, ce comportement étant devenu banal et normal aux yeux de la plupart d'entre nous. Arriver à ses fins, peu importent les conséquences sur l'autre, semble devenu tout à fait acceptable. Après tout, les autres le font, alors…

Et c'est ainsi que, petit à petit, vous perdez le sens de la valeur humaine, vous faisant marteler le crâne de ce discours à la Big Mouth, savamment saupoudré, bien mitonné.

Vous voilà objet de relation, et non sujet de votre existence.

> *[…] Si les autres sentent que je les perçois et les traite comme des objets, il y a de fortes probabilités qu'ils agissent de même envers moi en retour. Et l'attitude avec laquelle j'approche l'autre reflète aussi celle que j'adopte envers moi-même. Si je me mets à regarder l'autre comme un objet, alors je me considérerai également de la même manière.*
>
> (Traduction libre de l'auteur)

Le plus pernicieux, c'est que vous allez vous-même vous traiter comme un objet. Et là, on peut parler d'aliénation au sens propre, car vous deviendrez complètement étranger à vous-même, vous imaginant que de consommer des substituts de relation (sites pornographiques, jeux virtuels en ligne, technologies virtuelles de communication, animaux de compagnie dont on se débarrasse au moindre ennui, robots de haute technologie de plus en plus en vogue, boîtes vocales qui envahissent nos tentatives de communication) sont de valables solutions de rechange aux rapports humains. Comme si tout était question de simple interaction technique, comme si la chaleur humaine et la personne en chair et en os n'étaient que des détails secondaires négligeables.

> *[...] Une âme ne peut dépérir seule, c'est toujours ce qui se passe entre moi et l'autre qui est en jeu. Ce sont cette zone et ce moment de mise en contact entre nous qui sont en cause.*
>
> (Traduction libre de l'auteur)

Le malade imaginaire de Molière aura l'air d'un type en pleine santé à côté de vous dans quelques années si vous persistez à emprunter abondamment le chemin de l'utilitarisme.

TOUS PAREILS, OU LA PSEUDO-DIVERSITÉ

Les jeans Lois que vous portez, la bière Black Label que vous buvez, le dernier disque compact de votre chanteur favori que vous écoutez, le parfum Chanel que vous employez, etc., reflètent bien, croyez-vous, votre personnalité. Toutefois, Big Mouth en a vendu des caisses et des caisses à des millions d'autres que vous un peu partout dans le monde. Avec ces produits, vous n'êtes pas plus unique que la fourmi que vous avez écrasée sous votre pied en marchant il y a deux minutes. Pourtant, vous le croyez fermement. Comme de fausses images de soi empruntées à la distribution de masse, ou *false selves*, selon l'expression de R. D. Laing dans son livre *The Divided Self.* Martin Buber, philosophe existentialiste, parle pour sa part de *seeming*, c'est-à-dire de ce qui paraît, est vu, semble, donne l'impression de… mais uniquement en images livrées aux autres.

C'est fascinant comment on parvient aisément à vous convaincre que c'est ce genre de choses qui vous aideront à vous bâtir une identité, une personnalité, un point de repère pour vous permettre de trouver qui vous êtes.

Désolé, mais à part établir la liste des produits auxquels vous allez devenir fidèle, toutes ces choses ne vous définissent en rien et ne vous aideront sûrement pas à vous retrouver.

LE CAS DES PLAISIRS IMMÉDIATS

Il ne sera pas nécessaire de s'attarder longuement sur cette question puisqu'elle est le fruit de la fixation maladive que Big Mouth vous a injectée sur le monde des envies et des désirs éphémères mentionnés précédemment.

Plaisirs immédiats riment avec feux de paille : vite passés, vite oubliés, vite remplacés, vite consumés. Il n'en reste jamais de traces apaisantes dans votre corps, puisqu'ils ne durent pas et aboutissent à peu près tous à la même place : le vide existentiel, suivi de l'angoisse de ne pas vivre pleinement ce que vous auriez vraiment besoin d'éprouver.

LE BONHEUR PNB, OU LE RÈGNE DE L'HOMO ECONOMICUS

Marquée par le passage de l'ère des besoins à celui des envies, notre époque a aboli la famine, la plupart des maladies et les dangers physiques de la vie de la majorité des gens qui habitent ce qu'on appelle les pays riches.

Maintenant que le bonheur ne réside plus dans un bon repas et un toit chauffé, comme cela suffisait au Moyen Âge, il faut bien trouver une autre définition collective. Qu'à cela ne tienne, Big Mouth a trouvé le PNB. Ce chiffre magique que tous les économistes ont en bouche pour vous rappeler que vous êtes chanceux de vivre dans une économie prospère. La Bourse est à la hausse, l'activité économique bat son plein… tout est dit.

Vos sentiments, ce que vous éprouvez dans votre vie, tout cela est devenu sans intérêt. Si les chiffres et les statistiques nationales l'ont dit, vous devez vous considérer comme heureux, un point c'est tout. Le sourire devient la norme, vous n'avez aucune raison de vous plaindre.

S'il vous plaît, élargissez votre conception des choses bien au-delà de l'*homo economicus*, vous êtes bien plus que cela.

J'entends trop de clients dire : « Je n'ai aucune raison de me plaindre, j'ai un bon emploi, personne autour de moi n'est malade… Je n'ai aucune raison de me plaindre ! » Cinq secondes après, des larmes de souffrance commencent à couler sur leurs joues. Ils ne comprennent plus rien.

Tout cela parce qu'ils ont tellement bien avalé tout rond le message de l'*homo economicus* heureux qu'ils n'écoutent plus leur vie émotionnelle, ne faisant référence exclusivement qu'aux explications externes du bonheur pour déterminer la marche de leur vie. Quel gâchis !

LA SURINFORMATION PARALYSANTE

Trop d'informations sur lesquelles vous n'avez pas de prise (guerres, famines, ouragans, couche d'ozone trouée, injustices, etc.) entretiennent un sentiment toujours croissant d'impuissance. Quand vous commencez à vous percevoir comme une marionnette dans les mains d'une grande machine sociétale inaccessible et omnipotente, vous abandonnez et vous devenez cynique et désabusé.

Cela était prévisible parce que les technologies de communication de masse modernes consistent à étendre la portée de votre regard bien au-delà de ce que vos yeux perçoivent normalement. En contrepartie, elles n'étendent pas la portée de vos bras, de votre action. Vous voyez bien plus de problèmes, d'injustices, de choses absurdes sur lesquelles vous ne pouvez agir directement.

L'homme des cavernes ne voyait rien au-delà de l'horizon de sa vallée. Il conservait le sentiment de pouvoir intervenir sur la totalité de son environnement. À l'inverse, la virtualité de nos sens artificiellement démultipliés dans nos sociétés modernes crée une curieuse impression de tout savoir, mais en nous faisant sentir encore plus petits qu'une mouche dans l'Univers en ce qui a trait à notre pouvoir d'agir sur le cours des choses. Cette distorsion perceptuelle n'est pas sans conséquences. Cela peut, chez certains, provoquer des sentiments négatifs nuisibles.

Sans condamner ce genre de progrès, cela sert terriblement bien le *statu quo*, ne croyez-vous pas ? De plus, cela entretient l'idée que l'on doive absolument s'en remettre aveuglément, et par défaut, aux grands de ce monde pour gérer toute cette pagaille : présidents, ministres du culte, multinationales, etc.

PERDRE DE VUE SA NATURE PROFONDE

Revenons à Richard Hycner, mais cette fois en présentant un extrait de son discours sur la nature :

> *La nature ne doit pas être dominée, mais plutôt abordée selon une philosophie globalement équilibrée. Nous avons besoin de la nature pour nous garder en vie et nous enseigner le respect de la vie, et la nature a besoin de nous pour lui donner accès à une véritable conscience d'elle-même.*
>
> (Traduction libre de l'auteur)

Tout le vivant, peu importe sa forme, possède une nature profonde. Laissons l'ours être un ours, laissons la marguerite être une fleur, laissons l'hirondelle être un oiseau et l'humain être un humain !

La nature comporte des lois, par exemple l'appel des contraires. Si vous devenez trop gentil, vous piquerez un jour une colère terrible ; si vous réprimez trop votre sexualité, des fantasmes mal assumés pourraient surgir ; si vous vous enfermez dans votre tête, votre corps va protester, et ainsi de suite.

L'homme moderne veut ignorer ces lois, car il se croit invincible étant donné son complexe de supériorité sur la nature, lequel s'est accru chaque fois que l'*homo sapiens* s'est imposé comme l'espèce dominante sur la terre. Nous aimons bien nous faire croire que nous sommes exonérés de ce genre de contrainte, d'où notre penchant à tout dominer, cette sorte de pulsion dont le but semble vouloir contredire des évidences, comme les règles les plus élémentaires des écosystèmes ou la nécessaire biodiversité de la vie. Tout cela entraîne de plus en plus un gonflement de l'ego collectif au détriment de l'équilibre naturel de notre habitat.

Il n'est pas étonnant que tout cela aboutisse encore une fois à une sorte d'aliénation pour plusieurs, c'est-à-dire se perdre de vue ; par exemple, en doutant de vos propres sensations corporelles, de vos propres sentiments, de vos propres perceptions, de vos propres penchants sains, de vos propres intuitions, bref, de votre partie animale méprisée par les croyances modernes en la supériorité de l'homme. D'ailleurs, vous endosserez ces croyances sans vous poser de questions.

Prenez conscience d'un piège collectif. Il existe une et une seule occasion où Big Mouth va endosser la notion de nature humaine : quand cela sert ses intérêts. Ainsi, il vous fera croire qu'il est dans la nature humaine de dominer les autres, car cela justifiera que vous vous laissiez faire passivement.

L'INTRAPSYCHISME, FOYER VIRAL INFECTÉ

Un petit mot ici en réponse aux éventuels détracteurs qui rejetteraient la notion de Big Mouth sur le simple constat que c'est le psychisme, donc l'intérieur seulement des névrosés, qui est malade. Je vais être bref mais clair. Votre psychisme, dont vos conflits intérieurs, est constitué essentiellement du réservoir des innombrables interactions que vous avez connues depuis votre naissance. Il est en majeure partie composé de choses internalisées, absorbées à partir de l'environnement.

Comme vos poumons peuvent se noircir de nicotine si vous inhalez de la fumée de cigarette durant trente ans, ce n'est pas parce qu'elle se trouve maintenant dans votre corps que vous devez oublier tout à coup que cela origine de votre environnement, quand même ! Il en va de même pour votre psychisme.

C'est ainsi qu'on peut se permettre de recourir à l'analogie d'un foyer infectieux qui habite et ronge par en dedans les gens qui souffrent du syndrome de la suradaptation, leur structure intrapsychique ayant été lourdement contaminée par de nombreuses interactions contraires à leurs besoins vitaux, d'où des dysfonctionnements de la pensée, du comportement, des émotions et du mode de vie.

LE TEMPS DÉFORMÉ

Richard Koch, que j'ai déjà cité, nous raconte avec justesse que « la société moderne nous pousse à accélérer la cadence de notre vie et nous utilisons la technologie pour exécuter toutes nos tâches plus rapidement. Mais dans cette course contre la montre, nous ne faisons que nous stresser. Tout faire de plus en plus vite ne nous donne pas plus de temps ; au contraire, cela nous donne l'impression d'être perpétuellement en retard. Nous luttons contre le temps, un ennemi imaginaire. Nous avons l'impression que le temps accélère, ce qui nous épuise à un rythme alarmant ».

Quel étrange paradoxe que de devoir acheter autant de produits pour gagner du temps (machine à laver, arrosoir pour pelouse préprogrammé, repas surgelés, lave-vaisselle, voitures qui filent à toute vitesse sur les autoroutes, téléphone sans fil permettant de donner le biberon au bébé tout en conversant avec un ami et en regardant simultanément les nouvelles à la télé, etc.) et être la société qui, de tous les temps, est celle qui se sera plainte le plus de… manquer de temps !

Pas le temps pour se visiter, un courriel expéditif suffira. Pas le temps d'aller regarder le spectacle scolaire du petit dernier, un autre parent qui y assistera m'enverra vite fait une vidéo qu'il aura filmée grâce à la magie d'Internet.

Comme le souligne si bien Nicole Aubert dans son ouvrage *Le culte de l'urgence* : « À la métaphore traditionnelle du temps qui s'écoule a succédé depuis peu celle du temps qui s'accélère, un temps qui nous échappe sans cesse et dont le manque nous obsède. […] L'urgence a envahi nos vies : il nous faut réagir dans l'instant, sans plus avoir le temps de différencier l'essentiel de l'accessoire. […] Le climat de pression est tel qu'il corrode les individus qui déconnectent brutalement ou sombrent dans la dépression. »

Nos vies ressemblent de plus en plus à des vidéos accélérées où les images défilent sans arrêt sans que personne n'écoute sérieusement ce que les personnages ont à dire.

Une telle vitesse, vous le comprenez aisément, laisse peu de place à la vigilance face aux centaines de messages qui nous assaillent quotidiennement de toutes parts. Big Mouth y a évidemment trouvé là une faille à exploiter et ne s'en prive pas.

LA LOI DU TOUJOURS PLUS

Télé toujours plus grosse, voiture plus luxueuse, séduire une plus belle femme ou un plus bel homme, vouloir plus d'argent, une plus grande maison, se trouver plus haut dans la hiérarchie, plus connu, plus fort, plus puissant, plus violent, plus drôle, plus d'effets spéciaux, plus de performance, plus vite, plus rapide, plus haute technologie, plus adorable, plus polyvalent, plus esthétique, plus coloré, plus raffiné, plus bronzé, plus facile d'utilisation, plus captivant, plus volumineux, plus durable, plus de fonctions, plus de qualités, plus de légèreté, plus fiable, plus novateur, plus haut, plus loin, plus payant, plus incroyable, plus convaincant, plus effrayant, plus distrayant, plus confortable, plus moelleux, plus génial, plus excitant, plus cher, plus jeune, etc.

La course du toujours plus se traduit par une liste infinie de superlatifs qui définissent ce à quoi on devrait aspirer dans la vie aujourd'hui. Ne jamais se contenter de rien, vouloir toujours plus et mieux. Voilà une autre « vérité indiscutable » maintenant bien implantée dans nos crânes. Vous ne devinez pas par qui ?

Le dernier modèle d'un appareil nous fait saliver, la dernière voiture sport nous fait rêver, le dernier film est à voir absolument, le dernier disque d'un artiste connu attirera des millions d'acheteurs, le dernier livre d'un auteur établi raflera la vedette, la dernière catastrophe naturelle fera vendre des journaux… On n'en a jamais assez.

Comme si nos minables petites vies manquaient de saveur, la course au toujours plus nous donne l'impression que cela fera une différence, que cela changera les choses de se procurer le plus cher, le plus enviable, le plus en vogue.

N'est-ce pas là le signe d'une société qui passe son temps à faire miroiter un semblant de progrès vers les dernières trouvailles jetables qui se font remplacer jour après jour par d'autres, plus au goût du jour, plus époustouflantes ?

Le plus désolant, c'est qu'on se met à nous évaluer entre nous avec ces mêmes critères : plus belles fesses, plus belle gueule, plus gros salaire, plus mince, plus gueulard, plus hystérique, plus brillant, etc. On se juge alors soi-même très sévèrement avec sa contrepartie, les « pas assez » : « Je ne suis pas assez discipliné ! », « Je ne surveille pas assez ce que je mange ! », « Je ne gère pas assez bien mon temps ! », « Je ne visite pas assez mes parents ! », « Je ne fais pas assez de sport ! », « Je ne travaille pas encore assez fort ! », « Je n'atteins pas assez les objectifs demandés », « Je ne gère pas assez bien mon budget », « Je ne m'améliore pas encore assez ! », etc.

Disparues les nuances. Disparue la compassion humaine. Vive les préjugés faciles, vite dits, vite lancés à la figure ! C'est qu'on n'a pas le temps de prendre le temps car on doit mener des vies plus stressantes, plus intenses, plus occupées, plus parfaites.

Incapables de nous accorder des vies centrées sur nos véritables besoins, nous passons d'une image publicitaire à l'autre, convaincus que nous allons un jour trouver le bonheur dans la loi du toujours plus. À qui cela profite-t-il, selon vous ? Est-ce qu'un tel mode de vie est susceptible de vous apporter la paix de l'esprit, le sentiment d'avoir accompli quelque chose de valable parce que significatif, ou ne devenez-vous pas plutôt captif d'ombres chinoises que vous passez votre vie à tenter d'attraper sans jamais y parvenir ?

Se terminent ici les quelques exemples des manœuvres de Big Mouth lui permettant de vous éloigner et d'oublier votre banquise, votre zone de joie de vivre. Cette liste n'est pas exhaustive, mais plus modestement illustrative, afin de vous donner un avant-goût de ce à quoi vous devez désormais prêter attention, pour éviter de vous faire détourner de ce qui compte le plus pour vous, de vos besoins vitaux, que vous seul, je vous le rappelle, êtes en mesure et en droit de déterminer.

Qui est donc Big Mouth ?

Commençons par un passage très pertinent tiré du livre *L'autodéveloppement* de Michelle Larivey et Jean Garneau, psychologues :

> *Aussi est-il juste de dire que chaque société reflète implicitement une conception plus ou moins précise de la croissance personnelle. Il s'agit d'un idéal de vie, d'une conception de la personne idéale proposée par cette société et des moyens qui permettent de parvenir à cet état de chose. [...] Généralement, cette conception collective de la croissance n'est pas centrée sur le développement optimal des ressources individuelles, mais sur leur développement partiel, dans la forme qui permet de s'adapter à cette société telle qu'elle existe. Il s'agit donc plutôt d'un fonctionnement proposé comme idéal et visant à assurer à l'individu une satisfaction suffisante, sans qu'il nuise à la collectivité dans son état actuel.*

La société n'a donc pas pour but, contrairement à ce qu'on vous laisse croire, de vous rendre heureux, mais simplement de vous satisfaire juste assez pour que vous ne vous rebelliez pas. Son but est sa propre perpétuation, non votre satisfaction.

À l'instar des peuplades et des tribus anciennes, les plus forts l'emportent, pas vous. La manipulation est le coup de grâce moderne. C'est devenu l'équivalent de ce qu'étaient l'épée ou la hache au Moyen Âge. On a progressé, quand même ! Nous sommes plus civilisés qu'avant.

« Il y a, au plus haut degré, ce qu'on appelle l'autorité. On l'écoute avant même qu'elle ait parlé », disait Anatole France. Voilà justement le problème : ces discours à la Big Mouth qui prétendent faire autorité ne souffrent pas la critique, encore moins la désobéissance.

Dans nos sociétés modernes, l'autorité ne s'impose plus par la force, mais par la subtilité. Autorité hiérarchique, autorité professionnelle, autorité de statut social, autorité gouvernementale, autorité religieuse diffuse, autorité policière, autorité morale, autorité scientifique, autorité journalistique, autorité de toute provenance se déguisant en « gentil » pour mieux passer inaperçue, pour mieux commander sans en avoir l'air. Il suffit d'affirmer une chose avec un semblant d'autorité pour être cru sur parole. C'est désolant, ne trouvez-vous pas ?

À l'inverse, « l'autorité d'un seul homme compétent, qui donne de bonnes raisons et des preuves certaines, vaut mieux que le consentement unanime de ceux qui n'y comprennent rien », a énoncé un jour Galilée. Je préfère largement cela ! Je n'ai pas de problème avec cette affirmation qui autorise que vous exerciez votre propre sens critique, votre jugement.

Soyons honnêtes, on le fait même entre nous. On recourt à des statistiques en les traficotant à notre avantage, en invoquant tel ou tel personnage célèbre pour en tirer une citation qui nous sert bien, on met en doute l'adversaire, on entretient dans notre esprit une réserve de phrases toutes faites dans lesquelles on puise selon les circonstances, etc.

Voici un exemple qui illustre bien les jeux perceptuels et les pièges de chaque époque. Savez-vous pourquoi l'Église catholique a perdu la bataille des idées dans les pays industrialisés modernes ? Eh bien, c'est en grande partie parce qu'elle n'arrivait plus à rivaliser avec d'autres éléments nouveaux qui ont impressionné encore plus l'esprit des gens.

Autrefois, l'église était le bâtiment le plus élevé et le plus grand du village. La décoration intérieure était d'apparence plus riche que celle des maisons de la plupart des pratiquants et les statues religieuses décorant les murs, plus grandes que partout ailleurs. Les sermons paraissaient impressionnants parce que les villageois n'étaient pas instruits mais le prêtre, oui. Il maîtrisait mieux le verbe et la parole, donc son charisme ralliait tout le monde autour de lui. Son pouvoir d'influence s'en trouvait décuplé. On n'osait rien faire sans son consentement. Il incarnait l'autorité religieuse.

Avec la montée de la démocratisation de l'éducation, les gratte-ciel et les villes, les découvertes scientifiques et la pensée rationnelle, les églises, les sermons, les démons et les saints ont perdu des plumes. Ces croyances sont devenues obsolètes, sauf pour certaines personnes âgées encore attachées à la tradition comme repère et guide de vie. Il s'agit d'un phénomène en voie de disparition dans les pays riches, selon mon intuition, d'ici quelques décennies au plus tard.

Autre facteur : le niveau de vie des gens, de la classe moyenne surtout, qui a rendu désormais non nécessaire de se faire promettre une meilleure vie dans l'au-delà, puisque celle-ci s'est vue améliorée, matériellement du moins.

Qu'à cela ne tienne, Big Mouth ne se laisse jamais abattre. Il a tout simplement changé de garde-robe. De nos jours, il s'habille en veston-cravate et se pavane avec de gros billets de banque, en homme d'affaires ou en scientifique. Ce sont nos nouvelles « religions », car ces types-là nous impressionnent tous. On perd notre sens critique devant eux, on boit leurs paroles comme si on avait affaire à des dieux, avec les plus (fin de l'obscurantisme dogmatique d'une seule Église) et les moins (hypertrophie des technologies et de l'argent comme symboles de l'avancement social) que cela implique.

Précisons. Je ne suis pas contre la science, mais je déplore son comportement du type « hors de la science, point de salut ! ». Cela ressemble étrangement à nos villages d'antan. Et je suis déçu chaque fois qu'elle se prostitue en pseudo-vérité comme argument massue pour défendre une thèse ou une autre – ce n'est pas la faute des vrais scientifiques sérieux, mais de gens malintentionnés qui se servent du mot « scientifique » à toutes les sauces, quand bon leur semble.

Autre déception : le travestissement de la science en production de technologie de masse centrée sur le profit, alors que la recherche fondamentale – dont l'objectif n'est pas de créer un nouveau produit à vendre, mais l'avancement du savoir – se marginalise de plus en plus, étouffant sous des budgets maigrelets et dérisoires.

Hubert Reeves disait à peu près ceci : une partie de l'évolution de l'Univers est régie par des lois, et l'autre semble non causale (pas de lien de cause à effet apparent). J'ai l'impression que Big Mouth est de cette nature : on peut en partie saisir les raisons et les sources de son existence, mais en même temps, il nous glisse des doigts. Il a toujours été là, mais il est devenu plus tentaculaire que jamais au dernier siècle. D'ailleurs, le XXIe siècle ne semble pas s'annoncer meilleur. D'où la nécessité de le dénoncer, afin que de plus en plus de gens s'en prémunissent et sachent s'en défaire le plus possible.

Big Mouth partage une caractéristique commune avec Dieu : l'omniprésence. En tous lieux, en tout temps, il est là et se répand. Par contre, sous un autre angle, je le qualifierais de demi-dieu en ce qui a trait à son omnipotence, car elle n'est heureusement ni absolue ni complète, mais faillible.

Voici ce que j'appellerais une ébauche de définition de Big Mouth, un nouveau concept appelé à évoluer :

> *Ensemble d'événements interactionnels et communicationnels exerçant une pression d'adaptation sur l'individu, sans considération à l'égard de ses besoins. Ces événements peuvent être générés par d'autres individus, organisations, institutions ou idéologie d'une société donnée, à une époque donnée.*

Il importe de retenir trois choses importantes de cette définition :

- Big Mouth peut être n'importe qui ou n'importe quoi ;
- Big Mouth exerce une pression sur vous ;
- Big Mouth n'attache aucune importance à vos besoins.

D'où le risque évident de vous entraîner dans une spirale d'efforts d'adaptation croissants qui vont aboutir au syndrome de la suradaptation. D'ailleurs, Big Mouth peut même être votre voisin, votre sœur, votre coiffeur.

Pourvu qu'on vous serve une demande, un ordre plus ou moins voilé, une opinion inverse à vos besoins, une phrase d'apparence anodine mais lourde de conséquences dans votre gestion de vie, une culpabilisation ; qu'on vous refile un désir ou un but qui n'est pas vôtre ; qu'on vous fasse vous sentir déviant de ne pas faire comme tout le monde ; qu'on vous menace à demi-mot de sanctions ; qu'on vous fasse croire à des risques quelconques si vous vous écartez de la norme ; qu'on vous laisse croire que vous devriez faire ceci ou cela ; qu'on vous dise comment penser ; qu'on vous amène là où lui veut vous amener, il y a probablement Big Mouth là-dessous. Du moins selon le sens de la définition précédente.

BIG MOUTH ET BIG BROTHER, DEUX FRÈRES DE SANG ?

George Orwell, dans son fameux livre *1984*, avait créé Big Brother, un méga et puissant ordinateur central qui dirigeait secrètement le monde entier. Cette mise en garde que contenait son récit est, à notre époque, plutôt perçue comme un simple exercice littéraire intéressant. Peu de gens semblent en avoir saisi les méandres presque imperceptibles qui expliquent comment se construit un pouvoir souterrain à côté des pouvoirs officiels.

Big Mouth, lui, est à la fois incarné par nous tous, nos institutions et les discours dominants. Il n'est pas identifiable dans l'espace comme Big Brother. Il ne s'agit pas d'une conspiration secrète, ni d'un gouvernement planétaire, ni de petits bonshommes verts qui auraient pris possession de nos esprits. Ne soyons pas paranoïaques, quand même !

De façon plus terre à terre et plus réaliste, ramenons Big Mouth à ce qu'il est. Il n'est pas une intention, ni un vil projet de dominer le monde, ni une personne, ni une organisation. Il n'y a pas de micros cachés ni d'armée à la solde de Big Mouth. Il n'y a pas plus de multinationale assoiffée de pouvoir qui en tire les ficelles.

Il est à la fois une intention derrière chaque manœuvre qui cherche à nous convaincre de penser comme lui et un simple résultat, dans une dialectique étonnante où on retrouve simultanément le pôle agissant sur nos pensées les plus profondes et le pôle aboutissant à d'innombrables interactions qui ont fini par s'imprégner en chacun de nous. Personne ne l'a créé délibérément ni ne l'a planifié. Il s'agit du dénouement de la longue évolution de notre fonctionnement social.

Il est une composante psychosociale : psychologique, parce qu'elle est constituée de particules psychiques ; et sociale, parce qu'elle est faite de particules d'interactivité. Rien de plus. Toutefois très actif, il exige tellement de vous adapter à plein de choses et de personnes que vous en perdez vos repères, que vous êtes prêt à sacrifier votre santé et vos besoins les plus vitaux pour vous y conformer. Parfois, vous avez l'impression que ces pressions sont essentiellement externes, parfois vous avez l'impression que vous êtes habité de l'intérieur par des pensées et des réflexes qui vous dominent.

Big Mouth est une menace à votre libre arbitre, à votre sens critique, à votre intégrité psychique et physique, dans des proportions variables selon les époques et les endroits. C'est en cela qu'il peut être considéré comme le frère de Big Brother.

En fait, Big Mouth est beaucoup plus résistant que Big Brother parce qu'il est subtil, immatériel et diffus, comme le vent. Ne perdez pas votre temps à vouloir l'abattre, cela ne se peut pas. D'ailleurs, cela me semble de bonne guerre qu'il existe.

De surcroît, il représente l'adversité à votre quête de sens et de bonheur, car c'est lui qui vous permet de vous dépasser (de repousser vos limites). Cependant, je vous déconseille ardemment de le suivre lorsqu'il vous propose de vous surpasser (d'outrepasser dangereusement vos limites), car vous allez tomber dans son piège : la suradaptation.

Cherchez plutôt à vous remettre en marche vers votre nature profonde, vers votre être… et ne vous en éloignez jamais trop. C'est une zone sûre.

Ne l'oubliez pas, par sa nature foncièrement déloyale, Big Mouth ne combat jamais à armes égales.

Le principe du petit pingouin

Si vous avez bien suivi mon raisonnement depuis le début, la définition du principe du petit pingouin n'a pas besoin d'être bien compliquée :

Tout organisme vivant soumis à des caractéristiques environnementales inverses à sa nature va progressivement dépérir, ses besoins ne trouvant plus une réponse suffisante pour assurer son plein développement.

Comme l'être humain dispose de capacités d'adaptation plus grandes, cela requiert en plus de la manipulation indétectable de la part de son environnement pour achever d'accomplir ce dépérissement.

En définitive, cela aboutira au fameux syndrome de la suradaptation que l'on pourrait simplement définir en corollaire comme un conglomérat de :

Symptômes apparaissant graduellement à la suite d'efforts adaptatifs soutenus et multiples, à un ou à des environnements adverses, lesquels efforts vont bien au-delà de ce pour quoi la nature d'un organisme vivant donné a été conçue.

On doit donc retenir l'idée :

- de symptômes ou de malaises progressifs ;
- d'efforts excessifs présents ;
- d'environnement adverse ;
- de dépassement de la nature de l'organisme impliqué.

Cela se distingue du fameux trouble d'adaptation qui, lui, prend le sens plus restreint et maintenant plus précis d'un manque d'habiletés ou de compétences adaptatives. Quelqu'un qui souffre d'un trouble d'adaptation, selon moi, a besoin de *coaching* pour rehausser sa brochette de stratégies adaptatives. Il y arrive mal parce qu'il s'y prend mal, peu importe la raison. L'aider à devenir « adaptativement » plus efficace est tout indiqué.

Au contraire, aider quelqu'un qui souffre du syndrome de la suradaptation à s'adapter davantage, c'est le diriger tout droit vers l'abattoir. Au mieux, on va lui octroyer un sursis, mais de courte durée seulement.

Voyez-vous toute l'importance de distinguer les deux ? C'est primordial si on ne veut pas aggraver le cas de ce pauvre homme ou de cette femme déjà assez mal en point. Cette personne dite suradaptée a plutôt besoin qu'on l'invite à remettre en question ses environnements afin de déterminer ce à quoi elle compte toujours s'adapter ou pas : éliminer de sa vie les nuisances et ajouter ce qui lui manque pour se porter mieux.

En effet, il serait stupide et inhumain d'essayer de convaincre quelqu'un qu'il devra faire plus d'efforts encore pour s'adapter au clou qui lui transperce le pied. Arracher le clou me semblerait plus indiqué ! Anesthésier la douleur, comme le font bon nombre de médicaments, peut l'aider à refaire ses forces si la situation le commande, à la condition qu'ils ne servent pas à masquer l'enjeu. Ce qui risque de rater la vraie cible… et de jouer le jeu de Big Mouth.

Ce nouveau « diagnostic différentiel », pour employer un mot savant en psychiatrie, n'existe pas. Toutefois, il faudra bien qu'un jour quelqu'un ait le courage de le diffuser et de le faire accepter par la communauté des soignants.

En effet, tant qu'on abordera les suradaptés comme ceux qui ne savent pas s'y prendre ou qui sont des sous-adaptés, on risque injustement de les disqualifier encore plus qu'ils ne le sont déjà.

Quelqu'un a dit que c'est déjà être malade que de se croire malade. Alors, de grâce, si vous souffrez du syndrome de la suradaptation, ne vous considérez plus comme malade, mais considérez plutôt certaines portions de votre environnement comme malades ; vous serez ainsi plus près de la vérité. En plus, vous allez replacer les choses dans leur juste perspective, pour savoir par où commencer le grand ménage de votre entourage.

Qui, croyez-vous, sont les individus les plus à risque de *burnout ?* Eh bien, ce sont ceux qui se démènent le plus pour s'adapter à tout ! S'adapter aux changements rapides, aux nouveaux collègues, aux surcharges, à l'imprévisible, aux nouvelles technologies, à la malbouffe, aux nouvelles valeurs, aux nouvelles modes, aux nouveaux discours, aux nouveaux mandats, et ainsi de suite.

Un indice, selon moi, que l'on fait fausse route en plaçant tout le monde dans le fourre-tout du trouble d'adaptation, c'est que les dizaines de formations et de programmes sur la gestion du stress qui pullulent ces dernières années – qui proposent tous des trucs pour vous aider à vous adapter encore plus, comme une meilleure gestion du temps pour arriver à abattre encore plus de boulot – n'ont pas donné de résultats significatifs sur le terrain. Les dépressions sont en pleine croissance, les symptômes de stress sont évidents et touchent tout le monde, et le taux de congé de maladie en milieu de travail n'a pas régressé, au contraire.

Une frénésie qui n'en finit plus, avec le résultat que Little Boy s'effondre sous le poids des trop nombreuses demandes et pressions auxquelles la nature n'avait pas prévu qu'il aurait à s'adapter un jour parce qu'elle s'était imaginé naïvement que les petits pingouins ne quittent jamais leur banquise natale.

Le remède

Reformuler le problème

D'abord, ne cédez pas à ce que la société, ou quelqu'un de votre entourage, voudrait que vous deveniez.

Ensuite, ne pensez plus en termes de « Je ne dois pas savoir bien m'adapter », mais plutôt en termes de « Je dois désormais choisir ce à quoi ça vaut la peine de m'adapter ». Reformulez vos « Je ne suis pas capable » en « Je ne le veux plus », juste pour voir comme on dit. Plus d'une fois, vous allez vous rendre compte que « ne plus pouvoir y arriver » cache un « ne plus vouloir le faire » quand la situation est contraire à vos besoins.

Lâchez prise et laissez tomber ce qui ne vous mène nulle part en ne servant que les caprices des autres. Vous récupérerez du même coup une source d'énergie insoupçonnée bienfaitrice.

De plus, veillez à ne pas vous victimiser. Mauvais choix ! Vous allez tomber dans le plaintif larmoyant et ne rien faire pour que cela aille mieux. Comme ces employés qui se plaignent de leur employeur durant la pause, mais qui se taisent dans les réunions. Comme ces commères qui se plaignent de tout et de rien en prenant leur café, mais qui n'agissent pas dans leur vie. Comme ces gens qui veulent payer moins d'impôts et obtenir plus de services gouvernementaux, mais qui votent toujours pour les mêmes partis politiques. Alors que, selon une conférence d'un journaliste français du journal *Le Monde*, les 516 personnes les plus riches de la planète possèdent à elles seules plus que les 420 millions des humains les plus pauvres ! Allez me faire croire après cela que les gouvernements n'ont pas d'argent ! Je dirais plutôt qu'ils ne veulent pas aller le chercher là où il est. Encore une belle entourloupette à la Big Mouth.

Reconnaître les dangers de Big Mouth ne doit pas conduire à se déresponsabiliser et à gueuler contre les autres ; c'est tout le contraire. Cela invite à se prendre en main, à se redresser l'échine et à penser en termes de meilleurs environnements possibles.

Voici donc quelques réflexions à considérer.

RETOUR À SOI, RETOUR AU SOI

Votre *persona*, un terme de Cari Gustav Jung, ne doit pas réglementer toute votre vie. Votre moi, ou ego, encore moins. Apprenez à remplacer l'individualisme par l'individualité-connexion. Cela signifie pour moi assumer et faire valoir qui vous êtes véritablement tout en demeurant profondément lié au caractère humain de votre vis-à-vis.

« L'équilibre est à mi-chemin entre les deux extrêmes », nous dit Bernard Werber. Simple mais juste. D'autres, amateurs de philosophie orientale, diront la Voie du milieu, entre tranquillité de l'être et action agissante. Ce qui implique prendre soin de vous-même sur le plan de l'être tout en agissant sur votre destinée.

Il existe une instance que nous, les psychologues humanistes, appelons le Soi. Cela désigne l'ensemble de votre personne : intellect, émotions, corps, spiritualité, interactivité sociale, inconscient, etc. Cela varie selon les auteurs, mais l'idée demeure la même. Vous devez respecter la totalité de votre être, soit tous les aspects de ce que vous êtes, pour garder l'équilibre.

Cultivez non seulement l'estime de soi, mais surtout l'estime du Soi. Pensez globalement plutôt que de façon parcellaire. Cela vous donnera une vue d'ensemble plus large qui aiguisera votre sens des décisions justes et bien dosées. Par exemple, avant d'accepter une promotion, examinez-en tous les revers afin de ne pas être hypnotisé seulement par le gain salarial. Y aura-t-il des impacts d'horaires, de responsabilités, ou autres qui pourraient influencer votre qualité de vie générale ? C'est un pensez-y bien, afin que vous ne vous emballiez pas sans avoir soupesé les vrais enjeux impliqués et bien évalué les conséquences. Faites-le seul, loin de toute influence.

Ne vous laissez pas non plus séduire que par l'apparence physique d'un partenaire amoureux potentiel. Prenez en considération son caractère, ses valeurs, son mode de vie, etc. Demandez-vous si cela vous conviendra de partager votre vie avec lui pendant les dix prochaines années. Ça, c'est une bonne question !

N'oubliez pas ce qu'Eleonor Roosevelt a dit : « Personne ne peut vous obliger à vous sentir inférieur sans votre consentement. » Cette phrase vous rappelle que si vous vous infériorisez dans votre rapport aux autres, vous en serez complice. Alors, ne laissez personne vous mettre en doute et prétendre qu'il sait mieux que vous ce que vous voulez ou qui vous êtes.

ÊTRE, AVOIR, FAIRE, PARAÎTRE

Une autre manière de dire tout cela et à laquelle j'aime bien recourir consiste à faire la distinction entre ces quatre verbes non pas sous l'angle de la grammaire, mais sous celui de leur rôle respectif dans nos vies.

De nos jours, « avoir » évoque l'idée de propriété dans l'esprit de tout le monde. Avoir devient acquérir, acheter, posséder.

« Faire » s'est transformé en titre d'emploi. Que faites-vous dans la vie ? La réponse devrait probablement coïncider avec votre identité : plombier, médecin, agent d'assurances, ménagère, etc.

« Paraître » parle de la gestion de votre image, un sujet que j'ai déjà abordé. C'est la partie qui fait référence à ce à quoi vous souhaitez ressembler, ce à quoi vous désirez être associé dans l'esprit des autres : calme, bon vivant, professionnel affairé, marginal, libéré, discret, leader, riche, belle, intellectuel, artiste, etc.

« Être », vous l'aurez deviné, est la dimension le plus en péril – presque en voie d'extinction, oserais-je écrire –, celle que vous négligez le plus souvent. Cela se rapporte à la manière dont vous éprouvez les choses, dont vous vous sentez.

Un exercice intéressant consiste à noter sur papier tout ce que vous aimeriez avoir, ce que vous aimeriez pouvoir faire et comment vous aimeriez paraître aux yeux des autres dans un monde idéal. Une fois cette liste établie, tentez de traduire chaque élément vers sa forme « être », en vous posant la question : « Qu'est-ce que ça changerait dans mes sentiments, dans la manière dont je me sentirais si je pouvais avoir ou faire ou paraître tel ou tel élément de ma liste ? » L'exercice en vaut la peine, car vous allez probablement découvrir des indices possibles de ce qui manque dans votre vie actuellement, non pas en réalisant à la lettre tout ce que vous avez écrit sur la liste, mais en créant des solutions de rechange simplifiées pour atteindre les mêmes buts sur le plan de l'être.

Par exemple, souhaiter posséder une maison plus grande pourrait traduire que vous aimeriez qu'on vous remarque, signe distinctif d'un certain statut social. Toutefois, est-ce ce dont vous avez vraiment besoin ? Posez-vous la question honnêtement. Peut-être que d'afficher davantage votre originalité à travers vos idées, votre créativité, votre inventivité, l'expression de vos sentiments, ou en improvisant d'autres méthodes serait, en bout de ligne, plus proche de votre véritable besoin profond ici.

C'est dans le verbe être que vous allez le plus souvent découvrir vos besoins les plus importants, que vous êtes le plus proche de votre essence, de votre Soi. À chaque envie, à chaque désir, demandez-vous : « Qu'est-ce que ça va me permettre d'être ? » et attendez que le corps vous réponde ! L'exercice en vaut la peine. Bien des futilités vont s'évaporer, et le cœur de la personne que vous êtes va de plus en plus émerger, loin de l'emprise de Big Mouth.

NE PLUS CONFONDRE L'ESSENTIEL ET LE SECONDAIRE

Au risque de me répéter, apprendre à distinguer l'essentiel d'une décision à prendre, de ce qui vous tient vraiment à cœur, de ce qui n'a pas de prix à vos yeux, devient vital si vous voulez éviter de vous faire détourner de votre voie par tout un chacun qui tente de vous amener sur des routes secondaires souvent insignifiantes ou pas du tout en lien avec vos véritables besoins.

C'est aussi un exercice profitable que de rester sur l'essentiel dans une conversation ou une analyse, afin que l'idée maîtresse qui vous anime ne se dissolve pas dans les mille et un commentaires des autres.

Vous en tenir à l'essentiel, c'est ne pas échapper ce qui compte, c'est vous rappeler ce qui valait la peine, c'est demeurer connecté à vous.

C'est d'ailleurs avec cette précaution en tête que j'ai délibérément opté pour écrire ce livre avec le moins de pages possible, afin de m'en tenir à l'essentiel. En effet, je rencontre trop de clients qui ont lu de savants bouquins de plusieurs centaines de pages dont ils n'ont malheureusement rien retenu de tangible dans leur existence et qui n'ont pas été capables d'extraire l'essentiel du message que ceux-ci renfermaient.

UNITÉ, SE SENTIR ENTIER

Ce qui nous conduit tout naturellement à l'importance de vous sentir un, unifié, entier dans votre existence. Cela suggère de la cohérence interne, garante d'une solidité que Big Mouth aura grand-peine à déstabiliser.

C'est aussi un bon signe que votre état général reflète un bon équilibrage de la somme de vos besoins. Comme une équation mathématique où chaque variable a enfin trouvé sa juste place, en harmonie avec le reste.

Essence de l'être, unité et cohérence se supportent l'un l'autre dans une édification de Soi solidaire et inébranlable.

ACCEPTER LE CARACTÈRE IMPARFAIT DE L'HUMANITÉ

En réponse à cette dangereuse et vaine quête de la perfection à tout prix, cultiver et chérir même l'idée de l'imperfection du monde apporte une détente intérieure inestimable et aux effets antistress indéniables.

Profitez-en du même coup pour apprendre à intégrer vos limites, donnez-vous un rythme humain dans vos actions et faites-le respecter par les autres. Ni trop rapide pour ne pas vous essouffler, ni trop lent pour ne pas vivre en dessous de votre potentiel. Vous présentez des limites personnelles, mais cela ne doit pas être synonyme de vie trop rétrécie ; cela doit tout simplement vous inciter à tenir compte de vos imperfections personnelles, bien normales après tout.

Être imparfait ouvre la porte au pardon, à la déculpabilisation et, enfin, à la possibilité de pouvoir relâcher l'excès de vos efforts adaptatifs malsains et contre-nature à tout humain.

Ne fraternisons-nous pas mieux avec la race humaine quand elle est composée d'êtres normaux dont les qualités ne sont pas surdimensionnées et dont les défauts sont apparents, sans être si embarrassants que cela, après tout ?

En un mot, soyez authentique – d'abord envers vous-même. Cela rapporte toujours à long terme face à ceux qui nous abordent avec considération (relation *I-Thou*). Vous serez alors traité comme une personne et vous leur rendrez la pareille, sans avoir à fournir d'efforts comme ont à le faire tous ceux qui arborent constamment une fausse image parfaite, lourde à porter tous les matins de leur pénible existence.

S'IMPERMÉABILISER CONTRE LES SOPHISMES

Vous l'avez vu depuis le début de ce livre, Big Mouth est un expert en tromperie, en diversion, et un illusionniste incomparable.

C'est pourquoi les sophismes, cette pseudo-logique qui n'en a que les apparences, sont sa spécialité. Il fait passer des clichés pour des évidences indiscutables, il prétend vouloir votre bien alors qu'il ne veut que votre acquiescement à ses demandes, il affiche une fausse complicité avec vos besoins, mais en fait, il veut autre chose.

Développez vos réflexes mentaux pour contrer toute tentative de vous assujettir à un discours unique, une version unilatérale des choses, une plaidoirie simpliste qui camoufle trop souvent un piège. Pratiquez l'autodéfense intellectuelle, terme emprunté à Normand Baillargeon dans son livre *Petit cours d'autodéfense intellectuelle*.

Demandez-vous : « Où veut-il en venir, au juste ? » Cela vous servira à bien des égards et à de multiples occasions.

REPOUSSER LES PRÉJUGÉS QUI SONT TOUJOURS DE MAUVAIS CONSEIL

La principale raison pour vous méfier des préjugés, c'est que vous allez en être l'objet vous aussi. Ce que vous colportez de faussetés commodes pour vous défouler sur le dos des autres, ces derniers le font sur votre compte en votre absence.

Il suffit de prendre l'exemple des préjugés à l'endroit de ceux qui sont en congé de maladie pour raison émotionnelle. Une partie de leurs collègues les traitent de paresseux, de travailleurs qui veulent abuser de la situation, de lâches. Big Mouth en est ravi, car c'est exactement le genre de situation qui divise, donc qui rend les gens plus malléables, plus isolés les uns des autres.

Ce préjugé ne se nourrit pas seulement de l'ignorance, mais aussi et surtout de l'évacuation des frustrations. En effet, ceux qui expriment ce genre de préjugés s'imposent de rentrer au travail chaque matin, alors qu'ils n'en peuvent plus au fond d'eux-mêmes et qu'ils sont aigris. Cela les met en colère de savoir qu'un collègue restera deux mois chez lui, payé, alors qu'eux devront se présenter aux « portes de l'enfer » comme avant, à ce travail qu'ils n'aiment plus, qui leur répugnent. C'est leur envie qui les ronge, au fond, et qu'ils vomissent dans une kyrielle de faussetés irréfléchies sur le compte du collègue malade. Voilà une belle occasion ratée de se solidariser contre le caractère inhumain de nos environnements de travail.

Au contraire, les gens baissent les bras, se convainquent eux-mêmes qu'on n'y peut rien. C'est la démission, la résignation !

Vous vous rappelez ces rats de laboratoire en cage ? Si vous surpeuplez la cage et placez les rats dans des conditions contraires à leurs besoins territoriaux, ils vont finir par s'entre-tuer. Il faut bien qu'ils évacuent leur inconfort ! Bien des milieux de vie commencent à ressembler à ces cages, selon ce que j'observe autour de moi.

FAIRE DES CHOIX, NE PLUS S'EN REMETTRE AU HASARD

La vraie liberté, ce n'est pas de pouvoir vous acheter tout ce qui vous passe par la tête, comme aimerait vous le faire croire Big Mouth. C'est plutôt quand vous prenez une décision, que vous la transformez en action et en assumez le résultat. Là, vous êtes libre !

Sondez au plus profond de vous-même avant de faire un choix. Il s'éclairera de lui-même. Simple, mais cela demande de la pratique.

De plus, méfiez-vous du mot « destin », car il sert bien ceux qui veulent que vous acceptiez votre sort sans réagir. Les choix que vous refusez de faire, d'autres les feront pour vous, et pas nécessairement à votre avantage.

REDÉFINIR SES PRIORITÉS

Cessez de confondre les mots « essentiel », « important » et « urgent ». Pour qui est-ce essentiel, au juste ? Dans quel sens est-ce important ? Qui a dit que c'était absolument urgent, et cette personne a-t-elle raison ?

Vous connaissez sans doute cette petite expérience d'un professeur de l'université de Harvard qui se présenta un jour devant une classe avec un bocal transparent en main. Je vous en donne ici une version personnalisée et remaniée, que j'ai pris la liberté d'adapter à mon propos.

Ce professeur, donc, versa d'abord dans ce bocal des pierres jusqu'au bord. Alors qu'il demandait à ses étudiants si le bocal était plein, tous répondirent oui, puisque aucune autre pierre ne pouvait être ajoutée. Puis, il versa beaucoup de sable dans le même bocal, à nouveau jusqu'au bord.

Il reposa la même question au groupe d'étudiants, plus réservés cette fois dans leurs réponses ; certains croyaient que oui et d'autres non juste pour ne pas se faire piéger une seconde fois. Finalement, cet ingénieux professeur versa une bonne quantité d'eau dans le bocal, le sable permettant d'en absorber.

Devant les yeux écarquillés de ses étudiants, il leur rappela que les pierres représentent ce qui est essentiel dans la vie. Voilà pourquoi on doit les placer en premier, sinon il ne resterait plus de place. Le sable correspond aux choses importantes, donc on ne peut attendre à la fin puisqu'elles réclament notre attention. L'eau rappelle, quant à elle, qu'on peut toujours s'occuper d'une urgence ; il restera toujours un peu de place pour ce genre de chose de dernière minute.

Gardez en mémoire cet exemple, il vous rendra service quand l'ordre des choses à faire deviendra confus dans votre esprit. De nos jours, la plupart des gens traitent tout comme des urgences ; voilà pourquoi ils passent à côté des choses essentielles de la vie et tardent à s'occuper de ce qui est véritablement important.

Plus vos essentiels demeureront vivants, moins vous serez à risque.

NE PAS DEVENIR ESCLAVE D'UN SEUL OBJECTIF

Ce sous-titre peut paraître à première vue contradictoire avec ce que j'avance dans ce livre, mais il n'en est rien.

Je souligne ici un message classique de Big Mouth que plusieurs ont mal intégré ou naïvement avalé tout rond : « La fin justifie les moyens. »

Ainsi, beaucoup tiennent tellement à un objectif, le veulent si fort, qu'ils sont prêts à y perdre leur santé, à tout sacrifier et à risquer d'y perdre lourdement au change. Je dis oui à la prise de risques, à l'aventure, mais mesurez bien les impacts possibles et assurez-vous de pouvoir en assumer les conséquences. Une bonne formule consiste à tenter d'équilibrer votre objectif selon vos ressources, vos limites, le contexte du moment, le calendrier et... la totalité de vos besoins réels en jeu.

NE PAS RENONCER

Je suis un peu mal à l'aise avec ce conseil que l'on donne souvent dans les séminaires de gestion du stress qui stipule qu'en réduisant vos attentes vous allez vivre moins de déceptions et, par conséquent, vous sentir mieux dans votre peau.

Mon malaise vient du fait que cela risque de devenir une invitation à abdiquer, à laisser tomber ce que vous espérez, bref, à ne devenir que purement fonctionnel, sans vie, sans but, sans âme.

Je reçois tellement de clients qui ont appliqué ce précepte. Pourtant, ils ne sont pas plus heureux. Dans les meilleurs cas, il y en a qui sont peut-être un peu moins malheureux, mais sûrement pas plus heureux.

Par exemple, les gens déçus en amour peuvent rester des années sans nouveau partenaire pour ne plus avoir mal, pour ne pas se blesser. Je constate qu'ils deviennent des zombies pâles et au cœur aigri. Renoncer à l'amour, c'est comme renoncer à boire de peur que l'eau ne soit contaminée. Vous allez y arriver un moment, mais le corps finira par être carencé. C'est exactement ce qui arrive avec cette logique du renoncement. Il s'agit quasiment de la complicité cruelle avec Big Mouth qui n'envisage que votre satisfaction minimale, pas plus.

Réduire vos attentes vous protège d'éventuelles déceptions, soit, mais cela vous place dans une situation qui risque fort de dégénérer en carences, en manques, en renoncements douloureux. Ne plus avoir d'attentes ne vous blessera plus, c'est vrai, mais cela veut dire aussi ne plus satisfaire une partie importante de vos besoins. Est-ce bien ce à quoi vous aspirez ?

Bien calibrer et cerner vos attentes les plus centrales, oui, je suis d'accord. Toutefois, ne les jetez pas à la poubelle. C'est vous-même que vous sacrifieriez alors !

Apprenez plutôt à distinguer une attente-caprice, que vous pouvez sans doute réajuster sans dommage, d'une attente légitimement profonde qui, elle, ne peut être abandonnée sans conséquences graves.

LA FIDÉLITÉ À SOI

Demeurez centré sur vos cibles, celles qui comptent le plus pour vous, et ne laissez personne vous en distraire.

Demeurez fidèle à votre senti. C'est votre baromètre interne le plus fiable – à moins qu'il n'ait été à ce point détourné de sa route qu'il ne ressemble plus qu'à une boussole cassée, auquel cas une aide professionnelle s'imposera pour la réparer.

Être fidèle à soi implique lucidité, affirmation, courage et détermination. Ce sont donc des qualités à cultiver tous les jours.

Voici un truc emprunté à la gestalt-thérapie qui peut vous aider dans cette tâche. Cela consiste à transformer une question en affirmation, puis à confronter le tout à votre corps en la verbalisant à voix haute afin de vérifier si cela sonne juste ou non (comme l'une des étapes de la méthode Focusing créée par Gendlin). Au lieu de vous dire intérieurement : « Je ne sais pas si j'aime encore Simon », dites à voix haute : « J'aime Simon ». Puis, attendez de sentir si cette phrase sonne juste ou non en vous-même, si vous vous sentez vraiment en accord corporel avec cette affirmation.

C'est que votre tête s'emplit facilement de toutes sortes de choses qui ne devraient pas y être, car elles y ont été déposées subtilement, une à une, avec le temps, par d'autres. L'esprit se fait berner plus d'une fois dans une vie, tandis que le corps demeure plus intègre, car Big Mouth n'a heureusement pas encore trouvé de chemin très efficace pour y parvenir. Il devient alors l'un de vos meilleurs alliés.

Rappelez-vous que la pensée a pour fonction de préparer l'action, et non de déterminer ce qui est bien pour vous. Ce sont les émotions qui doivent jouer ce rôle. Les sentiments, bien compris, servent de guide, d'orientation ; les idées, elles, servent d'instrument de structuration, de coordination, d'analyse et de planification.

On ne se motive pas par la tête, mais par le cœur.

On ne se prépare pas bien par le cœur, mais par la tête.

DU BESOIN D'ÊTRE AIMÉ, DE SE SENTIR CONFIRMÉ

Il existe un courant de pensée en psychothérapie appelé *dialogical psychotherapy* qui stipule, entre autres, que l'être humain valide sa valeur comme personne dans les yeux des autres, surtout ceux dont le regard compte le plus. Comme une sorte de confirmation du droit d'exister, du besoin de se sentir accueilli et reçu, voulant vivre, désireux de se rapprocher.

En simplifiant, on pourrait parler du besoin d'être aimé. Toutefois, que veut dire, au juste, être aimé ? Eh bien, c'est quand quelqu'un apprécie, aime et veut votre présence, rien de plus. Qui ne vous demande pas de faire quelque chose de spécial. Vous savez, cette petite phrase : « Je t'aime bien ! », qui est prononcée calmement, le regard fixé droit dans les yeux de l'autre, un sourire aux lèvres. Rien de plus, rien de moins.

Voici un exemple que j'ai raconté à une cliente qui ne se respectait pas dans sa vie amoureuse. Je voulais lui faire goûter en image ce dont il s'agit. Elle a pleuré un peu en m'écoutant parler, ce qui est bon signe, car j'ai senti qu'elle avait saisi.

Dans ma vie personnelle, j'ai une conjointe et deux filles. Il m'arrive, le soir quand elles sont couchées, de m'appuyer l'épaule contre le cadre de la porte de leur chambre respective – elles ne le savent pas puisqu'elles dorment – et de prendre seulement plaisir à les regarder respirer, être là, me faire ce don chaleureux de leur simple existence. Présence dans ma vie que j'honore, remerciant le ciel de cette chance de les connaître, puisque je les aime ! (Bon d'accord, je passe aux aveux. Comme vous, je dis parfois des bêtises que je regrette, je suis imparfait, des fois un tantinet défensif et stupide. C'est vrai. Mais je les aime, juste comme ça. Pas à la façon hollywoodienne, juste parce qu'elles sont là. À mes côtés. A table. Au parc. En auto...)

Ma femme a enduré mes angoisses, mes égarements, mes insécurités, mes mauvais choix, mes défauts, mes incertitudes, et j'en passe. Elle est encore là. Elle me tient encore la main quand je ne suis pas sûr. Mes filles m'enseignent beaucoup : aimer la vie, jouer, savoir prendre le temps, rigoler, et bien d'autres considérations vitales que nous, les adultes, négligeons par orgueil.

J'espère leur insuffler le goût de poursuivre, de croire en elles-mêmes, de rester fidèles à leur monde intérieur, bref, de se sentir valables et confirmées.

Si vous saviez comme la vie devient plus détendue quand ce genre de besoin est suffisamment assouvi. C'est incroyable ! Un vrai bain de jouvence.

Je laisse ici la parole à Joaquin Salvador Lavado (Quino), auteur de la célèbre bande dessinée *Mafalda* : « Sans les autres, personne ne serait autre chose que rien. »

ÉVALUER LES CONTEXTES ET LES CIRCONSTANCES

Contrairement aux autres, prenez le temps de remettre les choses dans leur perspective, de les resituer dans leur contexte et étudiez les circonstances d'un événement avant de porter des jugements empressés, souvent mal avisés.

Pensez toujours au contexte global plutôt qu'une analyse sommaire trop immédiate. Rien n'est toujours vrai ni toujours faux.

Apprenez à relativiser ; ainsi, vous serez moins vulnérable face aux manipulations grossières.

SE MÉFIER DE L'EFFET DE MASSE

Rappelez-vous ce principe généralement reconnu qui stipule que « plus un groupement humain comporte d'individus, plus le niveau intellectuel général de ce groupe diminuera », sur le plan comportemental du moins. Il suffit alors d'un leader négatif ou d'une fausse manœuvre du groupe pour que tout dérape.

Les grands rassemblements sont toujours à risque s'ils ne sont pas encadrés ; des gens peuvent y faire des choses qu'ils n'auraient jamais osé ou même pensé faire tout seuls. Pensez à l'Holocauste pour vous en convaincre. Cela ne justifie en rien cependant les nombreuses interventions policières dans le monde qui visent souvent plus à étouffer l'expression populaire qu'à encadrer les manifestants.

C'est l'effet de masse, et Big Mouth adore ces occasions de manipuler à sa guise ces troupeaux humains car ils renoncent à écouter ce que leur dicte leur raison pour suivre un chef, un slogan ou pour écouter une explication simpliste de leurs problèmes, et sont tout à coup prêts à lui obéir au doigt et à l'œil. Leur sens critique a été troqué contre la sécurité d'un gourou qu'il soit politicien, vedette, chef religieux, chef d'entreprise ou autre. Il devient facile de leur vendre n'importe quelle salade, pourvu qu'on les impressionne, qu'on leur fasse croire qu'on a la solution à tous leurs tourments.

L'effet de masse est aussi le pouvoir d'entraînement des médias tout comme leur pouvoir de freinage. Voici un exemple tiré de ma vie personnelle. Lors de ma formation en psychologie, j'avais à écrire un mémoire et le mien portait sur le rôle du style éducatif parental dans le phénomène du décrochage scolaire. J'ai eu la chance, à ce moment-là, de bénéficier d'une bourse d'études d'une centrale syndicale à la suite d'un concours national, laquelle centrale avait envoyé par la suite un bref communiqué de presse au journal local de ma ville.

D'habitude, c'est le genre de chose qui passe inaperçue. Mais là, une journaliste s'y est intéressée et on a fait une entrevue avec photo, qui a occupé une pleine page du journal en question.

Dans les jours qui ont suivi, d'autres journaux nationaux ont repris la nouvelle. Des stations de radio m'ont offert des entrevues, j'ai été sollicité pour quelques conférences et ateliers à animer. C'était devenu le sujet du jour. Mais, comme toutes les nouvelles, c'est disparu de la carte très vite, d'autres nouvelles ayant pris la place. Pourtant, tous ceux à qui je parlais du sujet disaient que c'était très important. Mais à peine quelques semaines plus tard, ça ne l'était visiblement plus.

Cette anecdote illustre bien le pouvoir qu'ont les médias de dicter ce qui doit être important et ce qui ne le sera plus. Ils sont un peu le porte-voix des nouvelles, mais la plupart du temps sans profondeur ni vision d'ensemble. Que des entrefilets, des sortes de publicités informatives, recherchant souvent le sensationnalisme pour s'assurer un vaste auditoire ou une meilleure cote d'écoute (la tarification publicitaire étant proportionnelle au nombre de lecteurs et auditeurs potentiels).

Préservez donc le plus possible votre sens critique face aux sujets de l'heure et assurez-vous de garder un sens de la continuité, car les médias, eux, sont discontinus. Vous aurez moins l'impression que tout est morcelé, que rien n'a de sens.

Faites-vous une opinion, votre opinion, avec patience, avec nuance, en ayant pris soin de considérer le sujet dans son ensemble.

FAIRE DE SA VIE UNE AVENTURE QUI MÈNE À CE QUI COMPTE LE PLUS POUR SOI

Il y a un best-seller qui a fait fureur dans plusieurs pays récemment et dont je tiens à vous parler : *Le secret*, dans lequel l'auteure prétend annoncer quelque chose d'extraordinaire. En gros, cela présente l'idée que vous devez vouloir vraiment quelque chose pour que ça arrive. Une sorte d'éloge de la pensée positive, si l'on veut, avec tout plein de références historiques visant à convaincre le lecteur. Des dizaines d'autres titres ont suivi, exploitant eux aussi la popularité du mot « secret ». Les gens raffolent de ce genre de chose non seulement parce qu'ils sont faciles à appâter, mais aussi parce que, inconsciemment, tout ce qui touche de près ou de loin au monde des secrets anciens les fascine.

Ce que je m'apprête à vous révéler, c'est un aussi grand secret, peut-être plus grand encore… à mes yeux, du moins. Non, ce n'est pas la pensée positive ; je ne volerais pas l'idée d'un autre auteur – surtout que je n'endosse pas le fait que la pensée positive à elle seule puisse changer une vie. Je crois en contrepartie qu'une nouvelle attitude mentale est absolument nécessaire.

Cette révélation que je veux vous livrer est toute simple, vous l'avez déjà entendue, mais vous l'avez vite oubliée parce que vous méprisez ce qui ne sort pas de la bouche de Big Mouth. Eh oui ! Vous êtes tellement contaminé et obnubilé par le rationalisme cartésien, la vision mécaniste de l'Univers et le matérialisme moderne que les choses qui ont vraiment de l'importance dans la vie vous passent sous le nez sans que vous les voyiez.

Bon, voici l'idée… Et puis, non. Laissez-moi tout d'abord vous expliquer comment j'ai compris cela. C'est au cinéma – je suis un amateur de films d'aventures et j'ai d'ailleurs fait des études cinématographiques avant ma formation de psychologue.

Presque tous les spectateurs dans les salles de cinéma vont se divertir, un point c'est tout. C'est ce que Big Mouth veut que vous fassiez, du reste. Juste vous changer les idées, sans rien changer à votre vie. Vous vous identifiez au héros le temps de la projection, vous vivez ses émotions, ses aventures, ses peines d'amour, ses angoisses. Le film se termine, on ramasse le maïs soufflé et on oublie tout. Grave erreur ! Vous ratez le meilleur.

Le secret, ce sont les grands mythes. Toutes les grandes histoires de l'humanité, auxquelles s'abreuvent les meilleurs scénaristes et romanciers, ont un point en commun : devenir le héros de sa propre vie. Simple, non ?

D'accord, je vous explique. Commençons par le début. J'ai amorcé la rédaction de cette section à partir de deux éléments. Le premier, c'est un texte que j'ai lu sur Internet et dans lequel un auteur (je ne me souviens plus de son nom, désolé) affirmait qu'il préférait la grande littérature au cinéma. À ses yeux, les héros des livres apportent, par la dimension imaginaire que crée lui-même le lecteur dans son esprit, des figures d'identification héroïques et mythiques, lui insufflant des modèles de vie inspirants. Ce même auteur reproche au cinéma, parce que l'image montrée est trop réaliste, dit-il, de rapetisser en quelque sorte ces héros au point de leur enlever tout effet significatif, comme une recette de communication qui a perdu de son impact, si on veut. Je crois que cet auteur n'a pas la bonne explication. J'en veux pour preuve que la plupart des lecteurs de romans ne voient pas plus leur vie se transformer sous l'effet de leurs lectures, pas plus que les spectateurs dans les salles de cinéma. Ce n'est donc pas le média qui est la clé.

Le second élément est le film *Trésor national*, mettant en vedette Nicolas Cage et produit par Walt Disney. Curieux, non ? Un fleuron du symbole de Big Mouth, une multinationale américaine, qui m'inspire une des choses les plus importantes que j'insère dans ce livre. La preuve qu'il ne faut pas être trop pessimiste et que Big Mouth présente des failles. En fait, tout ce que crée l'humain en présente… et c'est heureux. Comme ça, nous sommes à l'abri de la création d'un Big Brother planétaire, car il serait forcément truffé de failles, ce qui est fort rassurant. Voilà un bel exemple où on doit remercier le ciel que les humains sont et resteront toujours aussi imparfaits.

Bon, voici donc l'idée à nouveau : faites de votre vie une aventure qui mène à ce qui compte le plus pour vous comme dans les grands mythes anciens. Je vous l'avais bien dit que vous l'aviez sous le nez, mais que vous ne saviez pas regarder ! Le secret était dans le titre de cette section que vous venez de lire il y a à peine quelques minutes.

La phrase ne vous sert à rien sans un traducteur-interprète. Vous êtes chanceux, je vais le faire pour vous. Il vous suffit de la relire en activant vos méninges un peu plus. Relisez-la ! Qu'est-ce qu'elle dit, au juste, qui puisse être transposable dans nos vies modernes ?

Cette phrase ne dit pas que vous devez devenir Hercule, Neptune, Zeus, Batman, James Bond, Harry Potter ou ce Gates dans *Trésor national*. Tout le monde sait que ça ne se peut pas. Alors, relisez la phrase en essayant de la décoder au deuxième degré. C'est une image de laquelle vous devez vous inspirer.

Soyons plus terre à terre. Quand un grand-père va chercher son petit-fils et l'amène à sa première partie de pêche de sa vie, cet homme vit l'un des plus beaux jours de sa vie. Ça fait des années et des années qu'il y songeait secrètement dans son garage les week-ends, quand il réparait le carburateur de sa vieille voiture ou quand il zappait les chaînes de la télé sans jamais y prêter sérieusement attention, parti dans ses rêveries, ou encore quand il voyait un autre grand-père au magasin du coin acheter une sucette à son petit-enfant. Il rêvait de ce moment. Qu'il serait plaisant de s'asseoir au bord d'un lac avec un sandwich à la main, en train de converser avec ce petit-fils ! Mais il est là, en chair et en os ! Toutefois, ce n'est pas un espoir ni un vague souhait, il est vraiment là. Le rêve s'est enfin concrétisé. C'est le plus grand bonheur de sa vie, cette journée de pêche.

Ce grand-papa a fait de sa vie une aventure qui mène à ce qui compte le plus pour lui, comme dans les grands mythes anciens. Là, vous avez compris !

Vous voyez comme c'est simple et accessible. Vous avez juste à vous rappeler les ingrédients qui doivent être réunis :

- un rêve, un vœu, un désir profond ;
- un sentiment très, très fort ;
- une quête où il y a de vrais enjeux ;
- un caractère hautement significatif à tout cela ;
- un sens de l'engagement indéfectible.

Comme le disait Warren Buffett, homme d'affaires et investisseur américain : « Pas besoin de faire des choses extraordinaires pour obtenir des résultats extraordinaires. »

Pour que votre vie ait du sens, il faut qu'elle en vaille la peine. Ce doit donc être ce que vous aimez le plus au monde, ce à quoi vous tenez le plus, ce qui occupe le plus haut rang à vos yeux dans tout ce qui vous entoure. Une personne, un rêve, un voyage extraordinaire, une quête de vérité, un projet politique, une cause, une réalisation, une œuvre, un objectif de vie ultime, une recherche, un jardin bien aménagé, regarder le paysage du haut du mont Everest, bref, les possibilités sont infinies. Mais, de grâce, ne résumez pas votre vie au « boulot-magasinage-télé-dodo » comme le souhaite Big Mouth. Ce sera un pur gaspillage, et votre corps va vous le faire payer chèrement tôt ou tard.

Ceux qui carburent à leurs plus grandes passions sont rarement malades. Et s'ils le sont, ils s'en servent pour revenir en force, ayant pris le temps de décoder ce que cet épisode cachait comme message. Ils deviennent les héros de leur propre vie.

On reproche souvent au cinéma d'être trop romancé, trop exagéré en rebondissements et de présenter des *happy ends* irréalistes à la façon hollywoodienne. Un roman ou un film de fiction doit présenter un récit fort, comportant de grands enjeux, où il y a des risques significatifs pour les personnages et où rien n'est gagné d'avance. C'est votre façon de réduire l'histoire à un simple produit de consommation qui tue et enlève les pouvoirs de transformation qu'elle pourrait avoir sur votre vie. C'est votre aveuglement et votre sens acquis de l'obéissance à Big Mouth qui posent des problèmes.

Si vous y mettiez un peu plus d'efforts pour réfléchir et méditer sur le sens profond de telle ou telle histoire, vous feriez parfois des prises de conscience et auriez des impulsions très vivifiantes et d'un effet magique indiscutable à la longue. La fonction salvatrice des contes de fées, des récits bien racontés et des structures narratives qui puisent leur sève dans les légendes et les mythes anciens a été largement démontrée en psychanalyse, pour ne nommer que cette dimension. Les enfants savent drôlement mieux le faire que nous, les adultes.

Votre vie est une histoire, c'est juste qu'elle n'est pas virtuelle mais réelle.

Iriez-vous voir un film dans lequel on verrait un homme à moitié endormi, porte-documents sous le bras, en train d'attendre platement l'autobus matin après matin, alors que sa femme change les couches du petit dernier et que son fils, grippé, écoute distraitement son professeur à l'école en dessinant machinalement des mangas sur son pupitre ? Non. Savez-vous pourquoi ? Parce que cet homme, c'est vous, et cette vie vous déplaît en fait. Vous rêvez d'être un héros, mais vous croyez cela impossible.

Eh bien, maintenant que je viens de vous livrer le secret d'un héros, version réaliste XXIe siècle, faites-moi le plaisir de réanimer vos vieux rêves enfouis, de les dépoussiérer, de retrousser vos manches et de vous mettre à la tâche. Le héros, ce sera vous. Vous n'avez plus d'excuse pour vous défiler.

Ce peut être de dire « Je t'aime » à quelqu'un qui vous attire vraiment, de franchir la toute première étape d'un projet, de formuler, d'organiser et de planifier une idée qui était toujours restée vague, d'entreprendre avec courage et détermination n'importe quoi de significatif et qui a une grande valeur à vos yeux.

Dire « Je t'adore ! », les larmes aux yeux, à votre enfant est héroïque ; écrire la première page d'un livre que vous aviez en tête depuis longtemps est héroïque ; participer à votre première marche anti-Big-Mouth est héroïque ; parvenir à balbutier vos premiers mots en japonais alors que vous reportiez toujours ce projet à plus tard est héroïque ; vous inscrire à un cours sur l'Égypte ancienne dont vous rêviez tant est héroïque ; rester toute une nuit debout à bercer votre enfant qui a les oreillons pour le calmer est héroïque ; parvenir à convaincre le maire récalcitrant de votre ville d'investir dans un projet qui vous tient à cœur, à vous et à votre voisinage, est héroïque.

Être héroïque veut dire amorcer de grandes choses dans votre vie, à l'échelle de votre potentiel, tout simplement. Le héros d'un film agit en fonction des possibilités du cinéma moderne (effets spéciaux très coûteux, vedettes, jeux de caméras, trucages, etc.). Votre vie n'est pas un trucage, mais la réalité. Des milliers et des milliers de héros bien réels ont foulé le sol de la terre. Ce n'est pas que la chance qui les a faits, mais leur passion, leur engagement, ce à quoi ils croyaient profondément au fond d'eux-mêmes. Je ne fais pas référence ici aux faux héros que cherche à nous vendre Big Mouth – comme un président véreux ou un homme d'affaires mercantile –, mais à de vrais héros qui ont marqué à leur façon l'histoire, que vous estimez être vraiment des héros, selon votre instinct.

Devenir héros de votre propre vie va rendre celle-ci remplie de sens, intéressante, importante et d'une valeur inestimable. Le legs de votre souvenir après votre passage sur terre s'imprégnera sûrement quelque part dans l'esprit de vos descendants, qui auront une honnête admiration pour ce généreux cadeau inspirant que vous leur offrirez. Mais attention, je n'ai pas dit d'aller sauver ou conquérir le monde en délaissant ceux qui vous entourent. Ne faites pas la même erreur que Little Boy !

Soit dit en passant, c'est pour cela que j'écris des romans d'aventures jeunesse mettant en vedette une héroïne prénommée Séléna. En effet, celle-ci incarne à mes yeux certaines valeurs humanistes, un engagement et un idéal que je souhaite voir agir comme éléments d'inspiration pour les jeunes lecteurs. Cette série de romans a pour but avoué de leur insuffler le goût de se dépasser et de faire de leur vie une aventure qui les propulsera vers leurs rêves et leurs aspirations les plus profondes dans leur vie réelle.

THE FLOW

Dans son fameux livre, *Finding Flow : The Psychology of Engagement With Everyday Life*, Mihaly Csikszentmihalyi, professeur de psychologie à l'université de Chicago, prône avec justesse que ceux qui se sentent vraiment engagés à fond dans ce qu'ils entreprennent – projet, travail, tâche, loisir, passion – se montrent davantage capables d'être heureux que les autres.

L'engagement, cet élan de soi positif et entier vers quelque chose, serait donc un ingrédient de vie qu'il vaut la peine de cultiver. Cela s'appelle l'état de *flow*, sorte d'impression d'être à sa juste place, en train de faire et de vivre exactement ce qui compte, avec des défis intéressants à relever dans un champ précis et selon un niveau de difficulté bien dosé. Voici un extrait significatif :

Nous oscillons constamment entre deux extrêmes : la majeure partie de la journée, nous sommes habités par l'anxiété et la pression qu'exercent le travail et les obligations quotidiennes, tandis que dans nos moments libres, nous avons tendance à rechercher des activités passives peu stimulantes.

(Traduction libre de l'auteur)

En gros, cela dit que l'on est trop souvent coincé entre, d'une part, nos anxiétés face à nos obligations de toutes sortes et, d'autre part, des loisirs passifs qui nous ennuient. Faire de votre vie des événements engagés vers des choses actives chargées de sens pourrait au contraire relancer votre sentiment de vivre une vie stimulante et emballante.

Selon moi, cela peut se vivre et s'éprouver sous toutes sortes de formes et dans plusieurs contextes différents. Cet auteur énonce très bien, à sa façon, un aspect crucial du dilemme de la suradaptation auquel bon nombre d'entre nous sont quotidiennement exposés : nous limiter à ne faire que ce qu'on nous propose, ou bien commencer à créer nous-mêmes notre propre vie.

UN PEU DE DÉLINQUANCE, S'IL VOUS PLAÎT

Quand vous vous mettez à vous dire tout le temps qu'il y a des choses qui ne se font pas, vous réduisez lamentablement vos chances de réaliser quelque rêve que ce soit d'ici la fin de votre vie. De plus, vous vous laissez imposer de pénibles expériences et situations qui vous empoisonneront l'existence sans cesse. Big Mouth, lui, sera le seul à s'en réjouir, pas vous.

Permettez-vous d'envisager, au moins dans votre tête au début, que vous pourriez cesser de faire telle ou telle chose qui vous répugne, comme de vous sentir obligé de faire réparer chaque fois votre voiture au garage de votre cousin alors que ses prix sont excessifs ou encore de vous laisser humilier en réunion au travail par un collègue belliqueux, sous prétexte de ne pas vouloir entraîner un froid au sein de l'équipe.

Soyez honnête ! Je suis convaincu que vous vivez ce genre d'impasses plusieurs fois par semaine en silence, en inhibant comme disait Henri Laborit. De nombreuses recherches ont pourtant abondamment documenté le fait que ce genre d'inhibitions auront pour conséquence, avec les années, de miner votre santé par usure de votre système nerveux et porteront atteinte à plusieurs de vos organes internes (cœur, poumons, reins, système digestif, etc.).

De même, autorisez-vous, du moins en ce qui a trait aux sujets qui vous tiennent vraiment à cœur, un peu plus de délinquance ; c'est toujours payant si on persévère. Ayez du culot, quoi ! Il paraît que Steven Spielberg, lors de visites guidées aux studios Universal dans sa jeunesse, trichait les règles en quittant le groupe de visiteurs pour aller là où c'était interdit au public, ce qui lui a permis de fraterniser avec des gens du cinéma. Albert Einstein, réduit à un emploi de petite envergure au bureau des brevets après avoir été expulsé de l'école parce qu'il était qualifié de trop turbulent, profitait des nombreuses heures libres pour réfléchir à certaines questions de la physique et a ainsi pu offrir à l'humanité – grâce à cette « gentille délinquance » – sa fameuse théorie de la relativité.

Moi-même, après avoir expédié de façon traditionnelle le manuscrit du livre que vous tenez entre vos mains à quelques éditeurs par envois postaux sans que rien ne débouche, j'ai décidé de m'y prendre autrement et de contourner les règles. J'ai directement fait affaire avec les directeurs et les propriétaires de maisons d'édition, ce qui m'a valu de nombreuses offres cette fois et j'ai pu choisir qui allait me publier.

« Aide-toi et le ciel t'aidera ! » se traduit mieux par : « Développe *ta* façon de faire, et *tes* occasions se présenteront ! »

À CHACUN SA BANQUISE

Arbre renversé par le vent avait plus de branches que de racines.

Source anonyme

J'aime bien cette citation, car elle vous rappelle que si vous trahissez votre nature profonde, vous aurez beau déployer toutes vos astuces pour la camoufler, votre manque d'enracinement finira par occasionner votre perte tôt ou tard. C'est à méditer, selon moi.

Ne menez pas une vie dictée seulement par la rectitude politique, car il s'agit d'une camisole de force invisible dans laquelle tout mouvement personnel, toute créativité étouffera.

Pensez « banquise », ce lieu, cet état intérieur, cet épisode de vie, ces retrouvailles avec vous-même qui garantissent de vous prémunir contre le syndrome de la suradaptation.

Et pourquoi ne pas rechercher des personnes sensibles qui vont vous offrir de la compassion sincère et vous tendre la main sans arrière-pensées ni intentions cachées.

LE CAS PARTICULIER OÙ VOUS ÊTES DEVENU UN BIG MOUTH

À petites doses, nous sommes tous un peu Big Mouth certains jours, et ce n'est pas grave du tout. C'est normal que parfois nous nous préoccupions peu du besoin réel de l'autre. Une petite touche d'égoïsme n'est pas dramatique.

Là où ça se complique, c'est quand vous en faites un mode de vie, un *modus operendi* relationnel constant. Là, comme pour le reste, vous allez obtenir techniquement ce que vous voulez des autres (promotions, relations sexuelles d'un soir, privilèges, acceptation naïve de vos demandes, admiration, etc.), mais vos besoins humains vont fondre comme neige au soleil.

Parvenir à manipuler quelqu'un vous assure un gain en surface, mais au fond, cela aura le goût d'un bout de plastique ! Une fois tout le monde bien manipulé et à votre merci autour de vous, vous allez être seul au monde, car on va finir par vous détester, non sans raison.

Vous devrez fréquenter des Big Mouth comme vous, petit cercle fermé de personnes qui cherchent à camoufler lamentablement leur vide existentiel par le récit de leurs prouesses de manipulation, que d'autres relanceront par de meilleurs coups (!), et qui finiront par vous ennuyer tellement que votre cinquième verre de whisky n'arrivera plus à faire passer ce tissu de mensonges cousus de fils blancs.

Il vous restera l'option d'embourber votre banquise de produits et services que votre argent vous permettra de vous procurer, desquels vous aller jouir et vous amuser pendant quelque temps. Puis, vous serez à nouveau envahi d'un ennui mortel et vous finirez, un jour ou l'autre, par décéder d'une surdose de cocaïne ou de l'infarctus classique du bourreau de travail. Sinon, vous mourrez très vieux en vous imaginant avoir réussi votre vie, entouré de faux amis qui vous « aiment » pour votre argent et vos contacts utiles pour eux. Car, c'est bien connu, les Big Mouth n'attirent que les profiteurs.

COMMENT S'EN SORTIR ?

Ramenez les considérations de votre vie à l'échelle humaine ; cela s'appelle de l'humilité. En même temps, voyez grand ; cela s'appelle avoir du courage.

Solidarisez-vous et recherchez ceux qui travaillent comme vous à trouver leur propre banquise ; ils vous inspireront.

« Croire, c'est toujours s'exposer à être trompé », nous rappelle Françoise Dumoulin-Tessier. C'est juste. Mais avons-nous les moyens de ne croire en rien ? Je ne le pense pas. Alors, croyez en quelque chose, en quelqu'un, en ce que vous voulez, mais choisissez-le vous-même, ne vous fiez pas aux modes qui ne savent rien de vous.

Évitez les standardisations ; elles ne vous seront d'aucun secours. Vous devez mener une vie toute personnelle, la vôtre, pas une vie normalisée.

Faites quelque chose pour que ça change. Adaptez-vous moins à ce qui vous est nuisible et faites plus de place à ceux qui vous font du bien. Cela peut paraître simple, mais plusieurs hésitent, font du surplace bien longtemps avant de se décider.

On dit : « Qui veut faire quelque chose trouve le moyen ; qui ne veut rien faire trouve une excuse. » Et une autre phrase que j'aime bien : « Par la rue Plus tard, on arrive à la place Jamais. » À vous de décider, mais décidez-vous !

Je vous résume un rêve que j'ai déjà fait et qui m'apparaît ici pertinent. Il portait sur la naissance d'un troisième enfant – j'en ai déjà deux dans la vraie vie – et de l'implication de s'en occuper longtemps. Dans mon rêve, j'étais hésitant devant l'éventualité de recommencer la période des biberons, des nuits de sommeil écourtées, des pipis au lit, etc.

Quand on amorce un renouveau dans sa vie – comme l'invitation de ce livre à revoir un certain nombre de choses dans vos choix, attitudes, priorités, comportements, modes de pensée, etc. –, on doit, comme un parent le ferait, s'occuper activement pendant longtemps de ce « nouveau moi », si vous me permettez l'expression. Cette version de soi métamorphosée, ce nouveau départ, ce nouveau-né.

Cela demande du travail, il est vrai. Et, comme dans mon rêve, on hésite à s'embarquer quand on en a déjà plein les bras et qu'on se sent en mode survie. Étant donné que notre énergie est à son plus faible, comment pourrait-on donner un coup de barre dans de telles conditions ?

C'est là que vous devez faire confiance à votre instinct et consentir à puiser dans votre second souffle, cette réserve secrète d'énergie qui est encore là quelque part en vous, mais qui, jusqu'à présent, refusait de se pointer le nez parce que vous en auriez fait mauvais usage en vous adaptant encore plus.

Au fond de vous-même, il persiste encore de la vie, un potentiel de joie de vivre qui n'attend qu'une occasion sérieuse de renaître mais qui vous imposera ses conditions : votre énergie devra servir vos besoins et non Big Mouth. Si vous respectez cette règle, tout deviendra possible et vos forces renaîtront des cendres. C'est très probable, en tout cas. Il émergera alors le « meilleur de soi », pour paraphraser le titre d'un ouvrage de Guy Corneau, psychanalyste.

Qu'avez-vous à perdre d'essayer ? Ne rien faire ne va que vous enfoncer encore plus. Alors…

« Le commencement est beaucoup plus que la moitié de l'objectif », disait Aristote. Je comprends cette phrase dans le sens que le plus dur est de s'y mettre. Après, l'élan initial vous facilitera les choses. Chaque gain vous encouragera vers la prochaine étape.

Dépassez les souhaits passifs et attentistes (« J'aimerais », « J'espère ») pour entrer dans la décision ferme d'agir (« Je veux », « Je vais »). Ne remettez plus à demain le fait de vivre en fonction de qui vous êtes. Voyez-y, il en est grand temps. Une fois que vous serez mort, il sera trop tard.

Profitez-en également pour apprendre par cœur cette citation d'Alan Keightley : « Un jour ou l'autre, les gens réalisent brusquement qu'ils ne sont pas obligés de vivre comme on leur avait dit. »

Conclusion

« Un livre, c'est un détonateur qui sert à faire réagir les gens », prévient l'écrivaine Amélie Nothomb. J'espère que celui-ci produira cet effet, qu'il ouvrira des débats, qu'il créera des échanges, bref, qu'il vous ébranlera !

Bien des individus possèdent d'excellentes capacités d'adaptation. Pour eux, c'est à la fois leur plus grande force et leur zone de vulnérabilité, une sorte de talon d'Achille qui passe trop souvent inaperçu parce que la culture dominante à laquelle tout le monde adhère sans réfléchir nous pousse à aller plus loin que ce que nous devrions et, en plus, dans la mauvaise direction. Ainsi, les Big Mouth vont en abuser : institutions, gouvernements, patrons, vendeurs de rêves, etc.

Trop de gens souffrent en silence, se sont fait avoir, sont laissés pour compte parce qu'on les a bêtement classés dans les catégories « hors d'usage » ou « sous-adaptés ». Ils se croient malhabiles ou inférieurs à leurs semblables alors qu'en vérité ils en font trop et trop.

Il me semble à propos ici de citer un passage du livre *Les quatre clefs de l'équilibre personnel*, écrit conjointement par Jacques Lafleur, psychologue, et Robert Béliveau, médecin :

> *Quand on va mal, on court chez son médecin pour qu'il cherche une solution rapide à notre problème. Mais les traitements médicaux ne donnent pas souvent les résultats escomptés : tôt ou tard, la fatigue, l'anxiété, les sentiments dépressifs refont surface. On souffre à nouveau et l'on désespère de trouver un remède au mal qui nous afflige.*

Il y a pourtant moyen de recouvrer la santé. Pour y arriver, il faut aborder notre souffrance plus globalement.

Le mal de vivre n'a pas son origine dans le corps, mais dans notre vie. C'est elle qu'il faut soigner [...].

Cessez de vous suradapter : ce sera le meilleur investissement de votre vie, le plus rentable en fonction du coût total.

Ne vous piégez plus dans ce cercle vicieux et malsain. Pensez plutôt comme les aquariophiles chevronnés. Quand un poisson est malade, ils traitent l'eau de l'aquarium, car ils savent que c'est elle qui en est la cause. Alors, comme eux, agissez sur votre environnement – votre aquarium – chaque fois que vous soupçonnez que c'est lui qui vous rend malade ou qui vous empêche de vous sentir pleinement satisfait.

Jacques Languirand soulève à sa façon la question : « Mais jusqu'où peut-on se conformer sans perdre son autonomie et sa liberté ? C'est là la question. La pression exercée par le milieu est telle qu'il est difficile de s'y soustraire, même relativement, sans être perçu comme déviant et risquer l'exclusion. Mais la difficulté de résister au processus d'intégration est d'autant plus grande que nous percevons mal les normes qui nous gouvernent. Comme le poisson ne perçoit pas qu'il est prisonnier d'un aquarium. » Il emploie même une expression fort savoureuse, empruntée à Jean-Yves Leloup, un des pionniers de la psychologie transpersonnelle en France : souffrir de la « normose ». Cela suggère un penchant excessif vers tout ce qui définit la normalité statistique. Pas mal comme mot clé à ajouter à votre dictionnaire personnel !

Avant de terminer, si vous trouvez que ce n'est pas simple de mettre en application tout ce que vous avez lu dans ce livre, rappelez-vous au moins cette phrase : Personne ne vous a jamais promis que ce serait facile d'être un petit pingouin sur la planète Terre.

Je vous invite donc sincèrement à chercher et à trouver la meilleure banquise, celle qui vous conviendra le mieux.

Et, par-dessus tout, n'oubliez jamais le principe du petit pingouin qui stipule que tout environnement ou toute relation contraire à vos besoins entraînera immanquablement votre perte, tôt ou tard.

Bibliographie

ADAMS, Scott. *The Dilbert Principle*, New York, Harper Collins Publisher, 1997.

ASH, Mary Kay. *The Mary Kay Way*, New Jersey, Wiley, John and Sons Incorporated Publisher, 2008.

AUBERT, Nicole. *Le culte de l'urgence*, Paris, Flammarion, 2004.

AUBERT, Nicole et de GAULEJAC, Vincent. *Le coût de l'excellence*, Paris, Seuil Éditeur, 2007.

BAILLARGEON, Normand. *Petit cours d'autodéfense intellectuelle*, Montréal, Lux Éditeur, 2005.

BEAUVOIS, Jean-Léon. *Les illusions libérales, individualisme et pouvoir social*, Grenoble, Éditions Presses universitaires de Grenoble, 2005.

BUBER, Martin. *I and Thou*, New York, Charles Scribner and Sons Publisher, 1958.

CORNEAU, Guy. *Le meilleur de soi*, Montréal, Éditions Robert Laffont, 2007.

CSIKSZENTMIHALYI, Mihaly. *Finding Flow*, New York, Basic Books, 1997.

DE GAULEJAC, Vincent. *La société malade de la gestion*, Paris, Seuil Éditeur, 2005.

DUMOULIN-TESSIER, Françoise. *Le salon vert*, Montréal, Éditions Pierre Tisseyre, 1980.

GARNEAU, Jean et LARIVEY, Michelle. *L'autodéveloppement*, Montréal, Éditions de l'Homme, 1983.

GUTHRIE, Elisabeth et MATTHEWS, Kathy. *Ces enfants que l'on veut parfaits*, Montréal, Éditions de l'Homme, 2002.

HYCNER, Richard. *Between Person and Person : Toward a Dialogical Psychotherapy*, New York, The Gestalt Journal Press, 1993.

IKEMI, Yugiro et DESHIMARU, Taisen. *Zen et self-control : des thérapies nouvelles à la méditation*, Paris, Éditions Retz, 1985.

KEIGHTLEY, Alan. *Religion and the Great Fallacy*, New Jersey, New Horizon Publisher, 1983.

KOCH, Richard. *Le principe 80/20*, Montréal, Éditions de l'Homme, 2007.

LAFLEUR, Jacques et BÉLIVEAU, Robert. *Les quatre clés de l'équilibre personnel*, Montréal, Éditions Logiques, 1994.

LAING, R.D. *The Divided Self*, Baltimore, Penguin Books, 1965.

LANGUIRAND, Jacques. *Vaincre le burnout : pour en finir avec l'épuisement professionnel*, Montréal, Éditions Stanké, 2002.

LE GOFF, Jean-Pierre. *La barbarie douce*, Paris, Éditions La Découverte, 1999.

LELOUP, Jean-Yves et coll. *Normose – A Patologia da Normalidade*, Brésil, VERUS Éditeur, 2003.

ORWELL, George. *1984*, Londres, Secker and Warburg Publisher, 1949.

PERLS, Fritz. *Manuel de gestalt-thérapie*, Paris, ESF Éditeur, 2003.

SOUCY, Monique. *J'ai mal à mon travail*, Montréal, Éditions de l'Homme, 2003.

WARD, Arthur William. *Fountains of Faith*, États-Unis, Droke House Publisher, 1970.

WERBER, Bernard. *Les fourmis*, Paris, Albin Michel Éditeur, 1991.

Table des matières

Pour joindre l'auteur

Visitez son site Internet :

www.principepetitpingouin.com.

Achevé d'imprimé en Allemagne par GGP Media GmbH
Dépôt légal : Décembre 2011
ISBN : 978-2-501-06092-9
4050282/05